UNSERE

MOMENTE

GESCHICHTEN AUS FLENSBURG

Britta Bendixen

Bildnachweis:
© Kim Schmidt: S. 59

1. Auflage 2021

Umschlaggestaltung: r2 | Ravenstein, Verden
Layout: r2 | Ravenstein, Verden
Satz: Schneider Professionell Design, Schlüchtern
Druck: Rindt Druck, Fulda
Buchbinderische Verarbeitung: Buchbinderei S. R. Büge, Celle

ISBN: 978-3-8313-3330-1

INHALT

VORWORT

Nach den „Dunklen Geschichten" darf ich nun über Flensburger Glücksmomente schreiben. Welch ein Kontrast! Jeden Morgen, wenn ich die Zeitung durchblättere, werde ich von besorgniserregenden Statistiken, Berichten über Verbrechen oder Umweltkatastrophen förmlich erschlagen. Gute oder gar erfreuliche Nachrichten haben sowohl in der Presse als auch in anderen Medien Seltenheitswert.

Als umso schöner empfinde ich es daher, dass ich mit diesem Buch den Fokus ganz bewusst auf glückliche Fügungen des Schicksals, auf gute Taten und fröhliche Ereignisse richten darf. Flensburg ist nämlich nicht nur die Stadt, in der bundesweit begangene Verkehrssünden akribisch gesammelt werden, oder die am Ende des Zweiten Weltkriegs die unrühmliche Ehre hatte, Sitz der letzten Reichsregierung zu sein. Sie bietet sehr viel mehr als das.

Flensburg ist eine weltweit anerkannte Handballhochburg, ein erholsamer Urlaubsort, gemütliche Hafen- und Universitätsstadt, kultureller Schmelztiegel sowie malerische Kulisse für Filme und TV-Serien, um nur einiges zu nennen. In unserer Stadt lebten Persönlichkeiten wie der Luftfahrtpionier Hugo Eckener, Erotikikone Beate Uhse, Chartstürmerin Gerty Molzen oder Öde-Comiczeichner Kim Schmidt. Sie alle sorgten für so einige Flensburger Glücksmomente. Doch auch weniger bekannte Namen können das für sich in Anspruch nehmen und sind daher ebenfalls auf den folgenden Seiten zu finden.

Ich wünsche Ihnen gute Unterhaltung mit den Flensburger Glücksmomenten!

Britta Bendixen

DIE BESTEN DER BESTEN - EINE „FLENSATION"

Wenn ich an die Handball-Champions-League des Jahres 2014 denke, sehe ich als Erstes den gerade 20-jährigen Hampus Wanne vor mir, der im Halbfinale gegen Barcelona nach seinem verwandelten Siebenmeter erleichtert auf die Knie fällt und wenig später als strahlender Held von seinem Team durch die Halle getragen wird. Nicht wenige hatten Zweifel, ob der noch so junge Spieler dem enormen Druck, den ein spielentscheidender Wurf auslöst, würde standhalten können.
„Ich hatte keine Zeit zum Nachdenken", wird er später zitiert. „Ich hab es einfach gemacht. Ich war cool."
Cool waren Wanne und sein Wurf in der Tat. Das Wort trifft auch auf das Spiel des Flensburger Teams im späteren Finale gegen den THW Kiel zu. Dass die SG, die als krasser Außenseiter zum Final Four nach Köln gereist war, am Ende den Pokal mit nach Hause nehmen durfte, darf man ohne Übertreibung als kleines Wunder bezeichnen.

Sieben Jahre zuvor hatten sich die beiden Teams schon einmal im Finale gegenübergestanden. Damals war es der THW gewesen, der nach dem Abpfiff vor Glück strahlte und sich bejubeln ließ. Doch am 1. Juni 2014 gelang die Revanche; die SG Flensburg-Handewitt ging als Sieger von der Platte. Und die Spieler hatten sich diesen Triumph wahrlich verdient. Beide Spiele, das

Halbfinale gegen den Favoriten aus Barcelona, und das Finale gegen den Nordrivalen THW Kiel, hätten spannender und dramatischer kaum sein können.
Acht Minuten vor Ende des Spiels gegen Barcelona am 31. Mai lag die SG mit sechs Toren hinten! Mit einem enormen Kraftakt gelang es den Norddeutschen, den Rückstand bis zum Abpfiff aufzuholen und so eine Verlängerung zu erzwingen. Diese endete 36:36, sodass es sogar zum 7-Meter-Werfen kam. Wohl jeder Zuschauer sah diesem Duell mit bangem Herzklopfen entgegen.
Anders Eggert begann und netzte locker ein. Barcelona konterte. Als zweiter Werfer trat Steffen Weinhold, damals im SG-Trikot, an den Siebenmeter-Punkt. Er sorgte dafür, dass der spanische Torhüter hinter sich greifen durfte. Als Nikola Karabatic für Barcelona gegen SG-Keeper Mathias Andersson antrat, stand es also 2:1 für die SG.
Der Schwede stellte sich mit erhobenen Armen zwischen Karabatic und sein Gehäuse. Alles hielt den Atem an. Karabatic warf - und Andersson sprang mit gespreizten Beinen in die Höhe und wehrte so den Ball ab. Der Fan-Tross der Flensburger jubelte. „Jaaaa!", hallte es aus vielen Kehlen durch die Kölner Arena.
Als nächster SG-Werfer stellte sich die Nr. 24, Jim Gottfriedsson, der Herausforderung. Jetzt bloß nicht verwerfen, so betete mancher Fan. Den Vorsprung ausbauen war das Ziel.
Und es gelang! 3:1 für die SG.
Barcelona blieb dran und verwandelte. Nun bekam Bogdan Radivojevic seine Chance. Er täuschte erst an, dann landete der Ball oben rechts im Netz. Doch auch der nächste Wurf des Gegners saß. Es blieb also spannend.
Auftritt Hampus Wanne. Wenn er verwandelte, war der Vorsprung für Barcelona nicht mehr aufzuholen, der Sieg im Kas-

ten und das Ticket für das Finale gelöst. Auf der Bank, auf den Zuschauertribünen und vor etlichen Fernsehgeräten vom Süden Spaniens bis in den hohen Norden wanderte vermutlich der eine oder andere Fingernagel zwischen die Zähne. Würde Wanne die Nerven behalten und locker durchziehen? Oder war der Druck, der auf ihm lastete, zu groß?

Das Ende ist bekannt: Der junge Spieler mit der Nummer 14 trat lässig an und machte ein blitzsauberes Tor, das seine Mannschaft direkt ins Finale beförderte. Der Gegner: Dauerrivale THW Kiel. Das Spiel begann ähnlich wie das am Tag zuvor. Zu viele Ballverluste der SG sorgten dafür, dass nach achtzehn Minuten erneut ein Rückstand von sechs Toren aufgelaufen war. Dass die SG fähig war, sich davon nicht irritieren zu lassen, hatte sie bereits im Halbfinale unter Beweis gestellt. Nun musste eine Wiederholung her. Die Anweisungen von Trainer Vranjes während einer Auszeit zeigten schließlich Wirkung. Das Team bündelte alle Kräfte und schaffte es so, den Rückstand bis zur Halbzeitpause auf zwei Tore einzudampfen. Bei einem Stand von 14:16 war für die letzten dreißig Minuten alles wieder offen.

Knapp zehn Minuten nach Beginn der zweiten Hälfte sorgte Thomas Mogensen für den Ausgleich. Es stand 19:19. Die letzten Minuten versprachen extrem spannend zu werden. Eggert sorgte für die erste Führung. Und Torhüter Andersson entnervte die Kieler immer häufiger mit seinen Paraden. Bald lagen die Flensburger mit vier Toren in Front. Aber Kiel gab so leicht nicht auf. Die Spieler des Rekordmeisters zeigten in den nächsten Minuten Coolness. Der Vorsprung schmolz und der THW kam bis auf ein Tor heran. Kurz vor Ende der Partie wurde es so richtig eng. Anderthalb Minuten vor dem Abpfiff, beim Stand von 30:28 für die SG entschärfte Andersson einen Wurf

von Palmarsson. Diese Parade erwies sich als Entscheidung, denn in der kurzen Restzeit war der Vorsprung der SG nicht mehr aufzuholen.
Die Sensation war perfekt, der Außenseiter SG Flensburg-Handewitt Gewinner der Champions League 2014! Die Anhänger tobten vor Begeisterung, sowohl in der Halle als auch daheim vor den Bildschirmen. Das Team um Trainer Ljubomir Vranjes hatte in vielen Flensburger Haushalten für ein hoch spannendes Wochenende mit glücklichem Ausgang gesorgt.
Als Dankeschön empfingen die Fans ihre Mannschaft am nächsten Tag auf dem Flensburger Südermarkt. Der 2. Juni 2014 war ein sonnig warmer Montag, der Platz rappeldickevoll und die Stimmung ausgelassen und fröhlich. Mehrere Getränkestände sorgten dafür, dass die von Jubelgesängen beanspruchten Kehlen geölt werden konnten.

Gegen Mittag sollte die Mannschaft eintreffen. Tat sie aber nicht. Hallensprecher „Holzi" Holst gab gegen 14.00 Uhr die neuesten Infos an die Fans weiter. „Die Mannschaft steht bei Rendsburg im Stau." Also hieß es weiter warten. Und die Geduld der Fans wurde belohnt. Rund eine Stunde später rollte der Bus endlich an. Als Erster stieg Geschäftsführer Dierk Schmäschke aus, den gewonnenen Pokal im Arm und ein stolzes Grinsen im Gesicht. Es dauerte ein paar Minuten, bis sich die SG auf der Plattform über dem Südermarkt versammelt hatte und sich bejubeln lassen konnte. „Einmal Flensburg, immer Flensburg!", riefen die rund 3000 Fans ein ums andere Mal. Oberbürgermeister Faber bescheinigte der Mannschaft: „Ihr seid Weltklasse!"

Die Spieler – gekleidet in blauen Sieger-Shirts mit dem Aufdruck „Flensation" und nicht nur wegen des schönen Wetters

größtenteils mit Sonnenbrille ausgestattet – reckten nacheinander den goldenen Pokal in Form eines ballwerfenden Arms in die Höhe. Nun zeigte sich deutlich, dass bei einigen die Stimme gelitten hatte. Lasse Svan ließ dennoch ein stimmungsvolles dänisches Lied vom Stapel und Anders Eggert scherzte, er wisse gar nicht, wieso er so heiser sei. Dabei war es kein Geheimnis, dass die Mannschaft ihren Erfolg in der Nacht zuvor ausgiebig in einer Kölner Bar gefeiert hatte. Und das mit Recht, denn zwei der weltbesten Mannschaften binnen zwei Tagen zu besiegen, das ist eine herausragende Leistung. Die Euphorie ließ die Spieler den Mangel an Schlaf locker wegstecken.

Zur Freude ihrer Fans war dieser Erfolg nur einer von vielen. 2015 gewann die SG den DHB-Pokal, 2018 und 2019 sogar die Meisterschaft. Aber die unglaublichen Spiele in Köln bleiben wohl für immer etwas ganz Besonderes

2

ERINNERUNGEN MIT MUSIK

Axel Rohr parkte seinen Wagen wie so oft auf dem Parkplatz hinter der Auguste-Viktoria-Schule. Es war ein heißer Tag im Jahrhundertsommerjahr 2018. Die Sonne knallte von einem wolkenlosen Himmel und wenn der Verkehrslärm abebbte, konnte Axel den Vögeln beim Singen zuhören. Mit einem wehmütigen Lächeln betrachtete er das altehrwürdige Gebäude, das früher die Hebbelschule gewesen war und in dem er 1969 seinen Mittlere-Reife-Abschluss gemacht hatte. Heute standen die Fenster und Türen offen, um ein wenig Luft hereinzulassen. Sehr effektiv war diese Maßnahme vermutlich nicht, an diesem Vormittag herrschte trotz der Nähe zum Meer praktisch Windstille.
Wie von einem unsichtbaren Band gezogen näherte Axel sich dem alten Backsteinbau mit dem Flair aus vergangenen Zeiten. Die offen stehende Tür erschien ihm wie eine Einladung. Nach kurzem Zögern trat er über die Schwelle und wurde sofort von Erinnerungen überflutet. Der Geruch war fast wie damals. Die Treppe, die er als Jugendlicher, zwei Stufen auf einmal nehmend, hinaufgerannt und nach Schulschluss erleichtert heruntergehopst war, hatte sich ebenfalls nicht wesentlich verändert. Aus einem der Klassenzimmer war Musik zu hören. Axel spitzte die Ohren. Streichinstrumente, ganz eindeutig. Unwiderstehlich angezogen ging er den Klängen nach, sodass die Melodie mit jedem Meter lauter wurde und seine Schritte auf dem Schulflur schließlich übertönte. Die Tür zu dem Klassen-

raum, aus dem die Streichmusik erklang, stand ebenso einladend offen wie zuvor der Eingang zur Schule. Axel blieb wie angewurzelt stehen und blinzelte ungläubig. Dies war genau das Klassenzimmer, in dem er seinen Abschluss gemacht hatte! Drei Jahre lang hatte er auf den unbequemen Stühlen gesessen. Und nun hatte die Musik ihn direkt zu diesem Raum geführt. Ob das nur ein Zufall war?

Zaghaft ging er näher und warf einen Blick in den Klassenraum. Er konnte Schüler erkennen, die konzentriert Cello, Geige oder Bratsche spielten. Axel kam nicht darauf, welches Stück es war, doch es klang sehr schön. Am Pult saß eine Lehrerin und lauschte ebenfalls, lächelte hin und wieder, nickte einzelnen Schülern zufrieden zu. Als spüre sie, dass jemand sie beobachtete, wandte sie sich plötzlich um und entdeckte Axels Kopf, der neugierig um die Ecke linste. Nach und nach wurden auch die Schüler aufmerksam. Ein Instrument nach dem anderen verstummte, bis schließlich alle zur Tür schauten.

„Mir scheint, wir haben Besuch", sagte die Musiklehrerin und gab Axel mit einer Handbewegung zu verstehen, dass er näherkommen könne. Zögernd trat er über die Schwelle und sah sich etwa fünfundzwanzig Schülern gegenüber, die ihn überrascht, amüsiert oder neugierig musterten.

„Ich möchte nicht stören", sagte Axel, „aber die Musik klang so schön und …" Einige Schüler kicherten. Unsicher brach er ab.

Die Lehrerin stand auf und ging ihm entgegen. „Darf ich fragen, wer Sie sind?"

Er nickte verlegen. „Mein Name ist Axel Rohr, und vor ungefähr fünfzig Jahren ging ich hier ebenfalls zur Schule." Er wies mit beiden Zeigefingern nach unten Richtung Linoleum. „In exakt diesem Klassenzimmer habe ich gesessen und Matheformeln und Grammatikregeln gepaukt."

Hier und da hörte er leises Raunen, Kichern und Flüstern.

Vermutlich kam er diesen jungen Leuten wie eine seltene Dinosaurier-Art vor. Es waren damals tatsächlich völlig andere Zeiten gewesen. Sein Blick glitt über die Jungen und Mädchen mit ihren Musikinstrumenten und spontan fügte er hinzu: „Natürlich waren wir damals nur Jungs."

Überraschtes Getuschel wogte von den Schülerbänken bis nach vorn.

„Erzählen Sie doch mal", bat ihn die Lehrerin und auch die Schüler und Schülerinnen wirkten interessiert. „Sie waren echt Schüler der AVS?", erkundigte sich ein Junge.

Axel räusperte sich und schüttelte den Kopf. „Ich ging auf die Hebbelschule", sagte er. „So hieß dieser Teil des Schulgebäudes damals."

„Und hier waren wirklich nur Jungs?", fragte ein Mädchen ungläubig.

„Ja. Wir wurden zu der Zeit noch getrennt unterrichtet. Die Jungs besuchten die Knabenschule und die Mädchen gingen ins Lyzeum."

„Was ist ein Lyz… Lyzeum?", hakte eine Schülerin nach und hatte hörbar Schwierigkeiten, das unbekannte Wort auszusprechen. „Von so was hab ich noch nie gehört."

„So nannte man zu der Zeit die Mädchenschulen", erläuterte Axel und fügte hinzu: „Wir Jungs sagten auch gern Backfisch-Aquarium."

Die Schüler lachten und das Eis zwischen Jung und Nicht-mehr-ganz-so-Jung war endgültig gebrochen. Axel wies auf eines der weit geöffneten Fenster. „Darf ich?"

„Bitte." Die Lehrerin machte eine auffordernde Geste. Axel trat an eines der Fenster und schaute hinunter auf den Schulhof. Der Anblick war ihm wunderbar vertraut. Hinter sich konnte er hören, dass die Musikschüler ihre Instrumente abstellten oder auf dem Tisch ablegten. Vielleicht waren sie ganz erfreut über diese ungeplante Pause. Axel wusste, er wäre es an ihrer Stelle gewesen. Jede Störung des Unterrichts hatten er und seine Klassenkameraden freudig begrüßt, und er war sicher, dass sich zumindest das nicht geändert hatte.

„Von hier aus haben wir damals die Mädchen beobachtet", berichtete er und musste bei der Erinnerung schmunzeln. Fühlte sich für einen Augenblick wieder wie fünfzehn und konnte die frechen Sprüche seiner Schulkameraden hören, mit denen sie versuchten, die Aufmerksamkeit der Lyzeum-Mädels zu wecken.

„Na ja, wir haben sie nicht nur beobachtet", gab er zu, „es wurde bei Gelegenheit auch ein bisschen geflirtet. Mit etwas Glück sprang sogar eine Verabredung heraus. Dann traf man sich am Nachmittag im Löwenbräu oder auch gegenüber im Siechen."

„Im was?", fragte ein Mädchen verwirrt und die anderen lachten.

„So hieß ein Lokal, es befand sich etwa da, wo heute der Gnomenkeller und Tchibo sind."

„Siechen", wiederholte das Mädchen. „Komischer Name."

Axel lachte leise. „Ja, mag sein. Aber wir waren meistens im Löwenbräu auf der anderen Straßenseite."

„Wo war das denn genau?", wollte ein Junge wissen.

„An der Ecke Rathausstraße und Holm, gegenüber von dem Sportgeschäft."

„Meinen Sie Intersport Hans Jürgensen?", erkundigte sich ein Mädchen.

Axel nickte. „Genau. Damals fuhr dort noch die Straßenbahn vorbei." Er seufzte leise. Das war alles so lange her und was hatte sich seitdem nicht alles verändert. Er brauchte sich nur diese jungen Leute anzusehen und mit sich und seinen Klassenkameraden von einst zu vergleichen. Heute trug man absichtlich

Jeanshosen mit Löchern und Schlitzen. Die wären in seiner Jugend vermutlich zu Topflappen umfunktioniert worden. Und Tätowierungen waren damals nur Seeleuten und Knastbrüdern vorbehalten gewesen. Heute ließ sich beinahe jeder irgendetwas in die Haut stechen, egal ob männlich oder weiblich.
Die Mädchen wirkten sowieso ganz anders als die Backfische von früher, obwohl sie, musste Axel in Gedanken einräumen, damals auch schon viel Haut zeigten. In seiner Jugend waren Miniröcke in, je kürzer, desto besser. Sie bedeuteten einen Augenschmaus für ihn und seine Freunde, doch für die ältere Generation einen willkommenen Anlass, sich über die „verkommene Jugend" aufzuregen.
Er sprach einige dieser Gedanken laut aus und die Schüler stellten Axel Fragen, hörten aufmerksam zu, was er von seiner Schulzeit erzählte. Als die Pausenglocke erklang, wurde Axel durch einen kurzen Blick auf seine Armbanduhr bewusst, dass er sich bereits eine halbe Stunde in seinem alten Klassenraum aufhielt und in Erinnerungen schwelgte.
Die Lehrerin bedankte sich bei ihm und die Schüler und Schülerinnen sagten freundlich „Tschüss" und lächelten ihm zum Abschied zu. Vielleicht sahen sie noch immer einen Dinosaurier in ihm, aber vermutlich einen, der irgendwie ganz interessant war. Weil er Dinge erlebt hatte, die ihnen wie Erlebnisse aus einer anderen Welt vorkamen. Aber, dachte Axel, es ist eine schöne Welt gewesen.
Mit einem Glücksgefühl im Herzen und einem breiten Lächeln im Gesicht trat Axel schließlich wieder hinaus auf den Schulhof, in den herrlich warmen Sommertag, und freute sich, dass er seiner spontanen Eingebung, das Schulgebäude seiner Jugend zu betreten, gefolgt war. Er lauschte dem Gezwitscher einiger Vögel in den umstehenden Bäumen. Das klang noch immer genau so schön wie vor fünfzig Jahren.

3

„MAGELLAN DER LÜFTE"

Dass ihr Sohn eines Tages diesen Spitznamen bekommen würde, ahnten die Schustertochter Anna und ihr Mann, der Zigarrenfabrikant Johann Eckener, bestimmt nicht, als der kleine Hugo am 10. August 1868 in Flensburg das Licht der Welt erblickte. Und er selbst erst recht nicht. Denn bis es so weit war, würden noch einige Jahre ins Land gehen.

Zunächst einmal besuchte Hugo die St.-Marien-Knabenschule und machte schließlich am Alten Gymnasium sein Abitur. Für sein Studium verließ er die Fördestadt, lebte in München, Leipzig und Berlin. Anschließend arbeitete er als freier Schriftsteller und schrieb unter anderem für die „Flensburger Nachrichten". 1897 heiratete Hugo Eckener die Tochter von L. P. H. Maaß, dem Herausgeber der Tageszeitung. Schon damals war Eckener ausgesprochen reisefreudig, und so verbrachte das frischvermählte Paar die Flitterwochen im fernen Ägypten. Mit der „Isa", dem Segelboot seines Schwiegervaters, gewann Eckener als Mitglied des Flensburger Segelclubs mehrere Pokale. Seine beim Segeln erworbenen Kenntnisse sollten sich später hinsichtlich der Luftschiff-Flüge als überaus nützlich erweisen.
Davon ahnte er selbstverständlich nichts, als er 1908 einen Artikel schrieb, in dem er sich kritisch zu den Luftschiffen äußerte. Graf von Zeppelin las dies und nahm Kontakt zu Eckener auf. Er schaffte es, den Flensburger von der Richtigkeit seiner Gedankengänge zu überzeugen und in ihm sogar

eine regelrechte Leidenschaft für Luftschiffe zu erwecken. Eckener zog daraufhin mit seiner Familie nach Friedrichshafen und wurde Fahrtenleiter und Prokurist der 1909 gegründeten DELAG – der Deutschen Luftschifffahrts AG.
Bis zum Beginn des Ersten Weltkriegs führte Hugo Eckener erfolgreich mehr als eintausend Fahrten mit einem Luftschiff durch. 1910 war er an Bord des Zeppelins LZ 7 und geriet über dem Teutoburger Wald in ein Unwetter. Der Motor fiel aus und das Luftschiff stürzte ab. Glücklicherweise kam bei dem Unglück niemand ernsthaft zu Schaden.
Am 11. August 1912, einen Tag nach seinem 44. Geburtstag, machte Eckener sich selbst ein nachträgliches Geschenk, indem er an Bord des Zeppelins „Hansa" stieg und von Hamburg-Fuhlsbüttel aus über Neumünster und Kiel bis in seine Heimatstadt flog. Unterwegs, auf Höhe Meierwik, konnte Hugo Eckener unter sich den Dampfer „Alexandra" auf der Förde bewundern, der drei Jahre zuvor vom Stapel gelaufen war.
An Bord der „Hansa" befand sich übrigens u. a. ein Fotograf mit seiner Plattenkamera. Er nahm bei dieser Gelegenheit die ersten Luftbilder der Stadt auf, die noch hundert Jahre später für Begeisterung sorgen sollten.
Die gemächlich dahinschwebende, silberweiße „Zigarre" wurde auf ihrem Weg von der Marineschule über Jürgensby und die Innenstadt vom feierlichen Glockengeläut sämtlicher Kirchen begleitet. Die Flensburger legten die Köpfe in den Nacken und verfolgten jubelnd, winkend und mit leuchtenden Augen den ungewöhnlichen Anblick eines Zeppelins über ihrer Stadt.
Was Hugo Eckener selbst bei diesem Flug empfand, können wir nur erahnen, aber es werden sicher schöne Gefühle gewesen sein. Heimatverbundenheit, Rührung und gewiss auch ein bisschen Stolz.

Nach ein paar Schleifen über Handewitt und Weiche steuerte Eckener den Flugplatz Schäferhaus an, wo der Zeppelin schließlich landete. Dort erwarteten den Flugkapitän seine Frau Johanna und einige Verwandte. Gemeinsam stieß man auf den prominenten Flensburger an und ließ ihn hochleben. Nach einer halben Stunde ging es zurück an Bord. Auf dem Weg hoch in die Lüfte gab es in Form von Flugpostkarten, die aus dem Zeppelin auf die Zuschauer hinunter flatterten, einen letzten Gruß, ehe die Silberzigarre in Richtung Süden entschwand. Dieser aufsehenerregende Besuch in seiner Heimat war Gesprächsthema in ganz Flensburg. Auch heute, mehr als hundert Jahre später, kennen viele Flensburger den Namen Hugo Eckener.

Zwei Jahre nach seiner Stippvisite in der Heimat brach der Erste Weltkrieg aus. Hugo Eckener bildete in dieser Zeit Marine-Luftschiffer aus, doch waren die Zeppeline für den Kriegsdienst nicht so nützlich wie erhofft. Für den Fronteinsatz stellten sie sich als zu empfindlich heraus. Dem Luftschiffbau drohte das Aus.
Nach Kriegsende gelang es Hugo Eckener, in den USA Interesse an den zigarrenförmigen Fortbewegungsmitteln zu wecken. Er war der Meinung, dass sie für Langstreckenfahrten über das Meer prima geeignet seien. Der Gedanke gefiel den Amerikanern.
„Okay", sagten sie Ende Juni 1922 zu Hugo, „wir nehmen einen Zeppelin als Ersatz für uns zustehende Reparationszahlungen. Aber nur, wenn es dir gelingt, ihn über den Atlantik bis hierher in die Staaten zu fliegen."
Diese Herausforderung nahm Eckener an. Im November des gleichen Jahres begann er mit dem Bau des LZ 126. Er versprach sich von diesem Flug Werbung und damit einen Auf-

schwung auf dem brachliegenden Luftschiffe-Markt. Am 12. Oktober 1924 startete er den Zeppelin, der später in ZR-3 USS „Los Angeles" umbenannt wurde, in Friedrichshafen am Bodensee und landete drei Tage später in Lakehurst. Ein Nonstop-Flug, zu jener Zeit eine vielbeachtete Seltenheit. Eckener wurde für diesen Welterfolg noch im selben Jahr zum Flensburger Ehrenbürger ernannt.

Der Bau eines Zeppelins war eine kostenintensive Angelegenheit. Um ein weiteres Luftschiff herstellen zu können, hielt Eckener fortan Vorträge über den Atlantikflug. Bilder der Fahrt wurden zu einer Einnahmequelle, die in die Entstehung des LZ 127 flossen, der nach dem inzwischen verstorbenen Graf von Zeppelin benannt wurde. Dem anschließenden Weltflug war es zu verdanken, dass Eckener 1929 durch die Presse den Beinamen „Magellan der Lüfte" erhielt.

Im Mai 1937 explodierte die „Hindenburg" in Lakehurst, USA. 36 Menschen starben. Diese entsetzliche Tragödie führte dazu, dass Passagierfahrten mit Luftschiffen eingestellt wurden. Hugo Eckener, der für die Katastrophe mitverantwortlich gemacht wurde, zog sich aus der Öffentlichkeit zurück und übernahm die Leitung einer Maschinenfabrik.

Während des Zweiten Weltkriegs verhielt er sich unpolitisch, was ihm nach Kriegsende zugutekam. Am 14. August 1954, nur wenige Tage nach seinem 86. Geburtstag, starb Hugo Eckener in seiner Wahlheimat Friedrichshafen. In Flensburg aber lebt er weiter, denn nach ihm wurden eine Straße, ein Platz und eine Schule benannt. Nicht zu vergessen das Eckener Haus in der Norderstraße, über dessen Eingangstür ein kleiner Zeppelin schwebt, der an das Leben des berühmten Luftschiffkapitäns und an seinen legendären Flug über die Fördestadt erinnert, der so viele Flensburger begeisterte.

ODYSSEE MIT HAPPY END

Über mich wurde schon viel geschrieben, was kein Wunder ist, denn ich habe bereits eine Menge erlebt. Ich selbst hatte noch keine Gelegenheit, von all dem zu berichten. Wer ich bin? Vielleicht erratet ihr es ja, wenn ich euch ein paar Hinweise gebe.
Das Licht der Welt erblickte ich im Jahr 1862. Ja, ich weiß, das ist ganz schön lange her. Mein Erschaffer, der Bildhauer Herman Wilhelm Bissen, wollte, dass ich möglichst gut getroffen werde, deshalb reiste er zunächst einmal nach Paris. Im Jardin des Plantes fand er ein Vorbild, das er eingehend studierte, ehe er die Arbeit an mir aufnahm.
Ich sollte eine Art Erinnerung darstellen und zwar an ein Ereignis, das sich 1850 bei Idstedt zugetragen hat. Seinerzeit kämpften dänische Soldaten gegen aufständische Schleswig-Holsteiner. Die wollten nämlich nicht, dass das Herzogtum Schleswig zu Dänemark gehörte, und das wiederum gefiel den Dänen nicht, da Schleswig ein dänisches Lehen war. Die Deutschen beriefen sich aber auf den Vertrag von Riepen von 1460, der vorsah, dass die Herzogtümer Schleswig, Holstein und Lauenburg „up ewig ungedeelt", also auf ewig ungeteilt sein sollten. Das ging als Folge der Idstedt-Schlacht daneben und auf den Tag genau zwölf Jahre nach dieser geschichtsträchtigen Schlacht wurde ich zum Gedenken daran am 25. Juli 1862 auf dem Alten Friedhof in Flensburg enthüllt.
Ihr wisst jetzt sicher, wer ich bin, nicht wahr? Man kennt mich als

den Idstedt-Löwen. Zurück zu meiner Enthüllung: Ein toller Moment war das! Elegant gekleidete Menschen, feierliche Musik, und vor mir flatterte der Danebrog im Sommerwind. Mit erhobenem Kopf saß ich auf meinem Sockel und schaute über all die Menschen hinweg, die mich ehrfürchtig bewunderten. Nun hätte man meinen können, ich würde bis zum Sanktnimmerleinstag an diesem Ort bleiben, beständig nach Süden schauen, jedem Wetter trotzen und Generationen von Flensburgern und Besuchern der Stadt einen imposanten Anblick bieten. So kam es allerdings nicht, im Gegenteil. Im Laufe der Jahrzehnte erlebte ich eine regelrechte Odyssee.

Zunächst aber war der Friedhof mein Zuhause und zwei Jahre lang ging es mir dort gut. Bis zum Februar 1864. Damals versuchten einige deutschgesinnte Flensburger, die mich wegen der verlorenen Schlacht als Schmach empfanden, mich von meinem Sockel zu stürzen. Dabei wurde mir sogar der Schwanz abgebrochen! Das wiederum kränkte mich, das könnt ihr euch sicher vorstellen.

Leider blieb dies nicht das einzige Mal, dass jemand seinen Zorn an mir ausließ. Hin und wieder hätte ich mir gewünscht, lebendig zu werden und meinen Angreifern mit einem kräftigen Brüllen und einem heftigen Tatzenhieb einen Schrecken einzujagen.

Rund zwei Monate nachdem man mich so grob angegangen hatte, kam es bei den Düppeler Schanzen – das war eine dänische Wehranlage in Südjütland – erneut zu einer Schlacht. Dänemark kämpfte mal wieder gegen die Schleswig-Holsteiner, die diesmal aber von preußischen und österreichischen Soldaten unterstützt wurden. Diese gewannen die Schlacht und daraufhin unterlag Schleswig der preußischen und österreichischen Regierung. 1867 bildete es gemeinsam mit dem Herzogtum Holstein die Provinz Schleswig-Holstein.

Und ich? Ich zog in jenem Jahr nach Berlin um. Das kam so: Zunächst hatte ein Ministerpräsident namens Bismarck dafür gesorgt, dass ich, lädiert wie ich mittlerweile aussah, abmontiert und vorerst im Regierungshof von Flensburg gelagert wurde. Mein dortiges Schattendasein endete durch die Unterstützung eines Herrn von Wrangel, seines Zeichens Generalfeldmarschall. Er sorgte dafür, dass ich in Berlin restauriert wurde. Ich war ihm ehrlich dankbar dafür. Welcher Löwe läuft schon gern ohne Schwanz herum?
Im Hof des Berliner Zeughauses, das sich seinerzeit am Boulevard Unter den Linden befand, bekam ich im Februar 1868 ein neues Zuhause. Zehn Jahre blieb ich in dem Hof. Es war eine ruhige, aber schöne Zeit. Dann jedoch sollte das Zeughaus umgebaut werden. Für mich fand man einen neuen Standort und zwar im Stadtteil Lichtenberg. Von da aus erlebte ich die beiden Weltkriege mit. Im Gegensatz zum größten Teil der Stadt blieb ich glücklicherweise von Bomben verschont, aber der Krach und die Detonationen in der Umgebung brachten mich das eine oder andere Mal zum Erzittern. Kein schönes Gefühl, wahrlich nicht.
Nachdem Deutschland 1945 besiegt war, betrachtete mich ein amerikanischer Oberbefehlshaber als eine Art Kriegsbeute. Sein Name war übrigens Dwight D. Eisenhower und er machte später Karriere als Präsident der USA. „Ike" wollte mich aber nicht für sein Land, sondern meinte wohl, es wäre eine nette Geste, wenn ich den Dänen zurückgegeben werde. Er fragte die Regierung von Dänemark, was sie davon hielt, und die war entzückt. Also ging es für mich mal wieder auf Reisen.
Am 20. Oktober 1945 kam ich in Kopenhagen an und wurde vom König persönlich in Empfang genommen. Christian der Zehnte, so hieß er, sprach bei der Gelegenheit ein paar nette Worte und gab seiner Hoffnung Ausdruck, dass ich zum

Gedenken an die Kriegsopfer von 1850 irgendwann in meine Heimatstadt Flensburg zurückkehren könne, wenn die Flensburger dies wünschten.
Meine neue Heimat Kopenhagen wurde also von vornherein als eine Art Provisorium betrachtet. Dass es über sechzig Jahre andauern würde, hätte damals wohl niemand vermutet. Ich bewachte nun akribisch den Hinterhof des Königlich Dänischen Zeughausmuseums, wo man mich zwischen historischen Kriegsgeräten betrachten konnte – allerdings nur vom Museumsgelände aus. Es war daher eine recht ruhige und beschauliche Zeit. Bis zum Jahr 2001 blieb mir mein eingeschränktes Blickfeld erhalten, dann wurden die Gebäude um den Hof herum plötzlich entfernt und ich stand ganz allein auf einem großen Platz, der von einer Hauptverkehrsstraße durchzogen wurde. Das war ungewohnt laut und roch auch nicht besonders gut, wie ihr euch vorstellen könnt. Mein einziger Lichtblick war die jährliche Gedenkfeier im Sommer. Jedes Jahr am 25. Juli kamen viele Besucher und erinnerten mit feierlichen Reden an die historische Schlacht von Idstedt.
In all den Jahren, die ich in Dänemarks Hauptstadt verbrachte, wurde immer mal wieder darüber diskutiert, ob und wann ich nach Flensburg zurückkehren solle, aber da man sich nicht einig wurde, blieb ich, wo ich war. Erst im Jahr 2009 kam Bewegung in die Angelegenheit und schließlich war es beschlossene Sache: Ich sollte endlich zurück nach Flensburg!
Mann, war ich aufgeregt! Zunächst einmal wurde ich erneut restauriert und mein Sockel bekam eine neue Plakette mit einer Inschrift, die die deutsch-dänische Freundschaft betonte. Für diese sollte ich von nun an ein Wahrzeichen sein. Eine große Ehre, nicht wahr? Im August 2011 wurde zunächst mein Sockel auf dem Alten Friedhof aufgestellt, und im September kehrte dann auch ich nach fast 150 Jahren zurück an den Ort, den ich

insgeheim immer als meine Heimat angesehen hatte. Dorthin, wo ich im Frühling stets von bunten Krokussen und ganzjährig von geschichtsträchtigen Gräbern und friedlicher Ruhe umgeben bin.
Ich schwebte übrigens mithilfe eines Krans an meinen Platz. So ein Flug ist eine ziemlich spannende Sache. Natürlich war ich gut gesichert, doch die Vorstellung, dass irgendwas schiefgehen und ich ungebremst zu Boden rauschen könnte, hielt sich hartnäckig in meinem mähnengeschmückten Hinterkopf. Ihr könnt euch meine Erleichterung vorstellen, als ich wieder festen Sockel unter meinen Pranken spürte.
Am 10. September 2011 wurde meine Heimkehr feierlich begangen. Wie schon beim ersten Mal im Jahr 1862 waren auch diesmal viele Leute da, sowohl Deutsche als auch Dänen. Es wurde Musik gespielt und einige wichtige Leute hielten Ansprachen. Einer davon war der Oberbürgermeister Simon Faber. Er versprach in seiner Rede, dass die Flensburger gut auf mich aufpassen würden. Bisher hat er Wort gehalten. Ein echter Hochadliger war auch dabei, Prinz Joachim von Dänemark. Er ist übrigens der Urenkel jenes Königs, der mich seinerzeit in Kopenhagen willkommen hieß. Tja, die Welt ist klein! Prinz Joachim betonte, er sei froh, dass er miterlebe, dass ich nun wieder an meinen ursprünglichen Platz zurückgekehrt sei, auf den Alten Friedhof, auf dem deutsche und dänische Soldaten Seite an Seite begraben liegen. Der Prinz enthüllte dann auch meine neue Gedenktafel.
Dieses wunderschöne Ereignis ist inzwischen ein paar Jahre her. Ich denke immer wieder gern daran, wenn ich meinen Blick über den grün bewachsenen Friedhof schweifen lasse, von Vorbeikommenden bewundernd betrachtet und von ihnen fotografiert werde. Ja, ich bin sehr froh, endlich wieder zu Hause zu sein!

5

WEIHNACHTS HIGHLIGHT

In der Adventszeit 2020 war vieles anders als in den Jahren davor. Im Oktober hatte das traditionsreiche Kaufhaus Karstadt seine Pforten geschlossen. Wegen Corona fiel sodann der beliebte Weihnachtsmarkt aus und ab November mussten im Zuge des neuerlichen Lockdowns auch andere Geschäfte für unbestimmte Zeit schließen. Das war für jeden Ladenbesitzer ein schwerer Schlag, insbesondere, da es die Vorweihnachtszeit betraf. Schon vorher hatte das Shoppen in der Flensburger Innenstadt oder auch in den Einkaufszentren Citti-Park und Fördepark keinen rechten Spaß mehr gemacht, denn der vorgeschriebene Mund-Nasen-Schutz und all die anderen Maßnahmen – so notwendig und vernünftig sie auch waren – vergällten vielen die Einkaufsfreude. Doch noch etwas unterschied das Jahr 2020 von den vorherigen: Es gab das erste Mal seit 2005 keinen Lions-Adventskalender.
Seit der Premiere vor über 15 Jahren stieg die Beliebtheit des Kalenders mit wechselnden weihnachtlichen Stadtmotiven jährlich weiter an, denn die Gewinne, die jedes Jahr verlost wurden, waren ausgesprochen reizvoll. Von Kino-, Tank-, Reise- oder Einkaufsgutscheinen über Candle-Light-Dinner, Präsentkörbe und Flachbildfernseher bis hin zu Ballonfahrten oder E-Bikes war alles dabei. Der Hauptpreis des allerersten Kalenders war übrigens ein signiertes Shirt der SG Flensburg-Handewitt im Wert von 150,00 €.

Das Motto der Lions-Clubs rund um den Erdball lautet: „We serve", also: Wir dienen. Der Kalender dient auch und zwar vor allem der Wohltätigkeit. Der Erlös geht, nach Abzug der Druckkosten und der Lotteriesteuer, an bedürftige Vereine und Institutionen der Umgebung. Als im Sommer 2005 die Idee zum Kalender zu keimen begann, ahnte keines der Lions-Club-Mitglieder, dass sie im Begriff waren, eine neue Tradition zu begründen. Der erste Adventskalender hatte etwas von einem Versuchsballon. Ließ die Idee sich verwirklichen? Und, mindestens ebenso wichtig: Würden sich genügend Sponsoren finden, die sich mit einer Spende beteiligten?

Es wurde ein Kalenderteam gegründet, das zunächst einmal telefonierte, dass die Leitungen glühten, denn es mussten Sponsoren gefunden werden. Von der Tischlerfirma in der Nachbarschaft bis hin zu Flensburger Großunternehmen gab es Mut machende Zusagen. Über achtzig Firmen beteiligten sich an dem Pilotprojekt, und der sh:z-Verlag versprach Unterstützung in Form von Zeitungsartikeln, die auf den Kalender aufmerksam machen sollten. Zusätzlich sollten täglich die gezogenen Losnummern im Tageblatt veröffentlicht werden. Nun stand einer Realisierung nichts mehr im Wege.

Ein Fotograf, der so freundlich war, auf ein Honorar zu verzichten, setzte für das erste Kalendermotiv den schneebedeckten Nordermarkt mit dem Neptunbrunnen weihnachtlich-romantisch in Szene. Ihm folgten in den Jahren darauf unter anderem das Nordertor, der Hafen, die Marineschule Mürwik oder auch der Flensburger Weihnachtsmarkt als winterliche Motive. Als Nächstes wurden die mehr als 300 zur Verfügung stehenden Gewinne durch einige Mitglieder des Kalenderteams möglichst ausgeglichen auf die einzelnen Dezembertage verteilt.

Zu guter Letzt erfolgte die Ziehung der Gewinner-Losnummern – selbstverständlich unter notarieller Aufsicht.
Mit zehntausend Kalendern startete der Lions-Club im November 2005 den Verkauf – und staunte nicht schlecht. Bereits nach kurzer Zeit gingen mehr als 8500 Stück über die Verkaufstresen der damaligen Flensburger Sparkasse, des sh:z-Kundencenters und bei Intersport Hans Jürgensen. Es hat sich inzwischen eingebürgert, dass ein Teil der Kalender auf dem jährlich stattfindenden Weihnachtsmarkt in der Walzenmühle angeboten wird. Meist dauert es nicht länger als eine Stunde, dann heißt es: „Ausverkauft!".

Seit 2005 hat sich der Kalender in Flensburg wunderbar etabliert. Viele Flensburger warten schon Wochen zuvor sehnsüchtig darauf, dass der Startschuss für den Verkauf fällt. Wie groß die Nachfrage ist, erkennt man deutlich an den langen Schlangen vor den Verkaufsstellen, sobald der Kalender auf dem Markt ist. Genau die sind jedoch der Grund dafür, dass im Jahr 2020 von dieser schönen Tradition abgewichen werden musste. Die Gefahr, dass sich das Coronavirus bei diesen Gelegenheiten verbreiten könnte, wurde als zu hoch erachtet.
Die Anzahl der Sponsoren liegt inzwischen bei rund 140. Wurden im ersten Jahr noch 300 Gewinne verlost, so sind es mittlerweile mehr als 500, darunter kostspielige Dinge wie Notebooks oder Tablets, großzügige Reisegutscheine, und im Jubiläumsjahr 2019 – der Flensburger Lions-Club feierte seinen 60. Geburtstag – gab es als Hauptgewinn gar ein Auto. Es wurde Mitte Januar 2020 feierlich an die glückliche Gewinnerin übergeben.
Nicht minder froh sind Anfang eines jeden Jahres die Vertreter jener Vereine und Institutionen, die einen Spendenscheck entgegennehmen dürfen. Diese Empfänger werden sorgfältig

ausgesucht, damit das Geld auf jeden Fall an die richtigen Stellen fließt. Im Laufe der Jahre konnten so unter anderem Pro Familia, das Katharinen-Hospiz, die Flüchtlingshilfe, die Tafel sowie verschiedene Sport- und Freizeitprojekte unterstützt werden. Ganz konkret: Kinder aus sozial schwachen Familien, Frauen und Kinder, die Opfer von körperlicher oder sexueller Gewalt wurden, Menschen in schweren Lebenslagen, Suizidgefährdete, Menschen mit Handicaps oder Obdachlose – die Liste derjenigen, die Hilfe brauchen, ist lang. Das Sozialforum zum Beispiel finanziert mit der Spende ein jährliches Weihnachtsfest für Familien, die mit jedem Cent rechnen müssen. Einige Mitglieder des Lions-Clubs nehmen stets daran teil und verteilen Bratwürste. Die leuchtenden Kinderaugen bei dieser Veranstaltung sind ein rührendes Zeichen dafür, dass der Adventskalender eine verdammt gute Idee war.

Seit 2005 gehört er ganz selbstverständlich zu meinem persönlichen Leben und das aus mehreren Gründen. Zum einen ist mein Ehemann Mitglied des Kalenderteams und ich helfe ihm gern bei den Vorbereitungen. Dass wir bei der jährlichen Vergabe der Spenden dabei sind, wenn die Erlöse ihrem sozialen Zweck zugeführt werden, versteht sich von selbst. Meine ältere Tochter war außerdem mehrere Jahre gemeinsam mit der Tochter eines weiteren Lions-Mitglieds eine der Glücksfeen, die die Lose gezogen haben. Zu guter Letzt spende ich selbst jedes Jahr zehn signierte Ausgaben meines jeweils aktuellen Buches für diesen guten Zweck.
Wer weiß, vielleicht ist genau das der Grund, weshalb Sie dieses Buch gerade in den Händen halten …

6

VON PETUH BIS POP

„Da kamen zwei Herren zu mir, die sagten, ich solle das machen. Ich sagte, das kann ich doch gar nicht. Ich hab mich doch noch nie mit Rock 'n' Roll und so befasst."

So erzählte Gertie Molzen in einer Radiosendung von dem Moment, der sich als Startschuss einer ungewöhnlichen Popkarriere herausstellte. Die beiden Herren waren jedoch überzeugt, dass sie das „mit ihrer Verrücktheit" schon hinbekommen würde. „Aus Jux", wie sie erklärte, habe sie sich breitschlagen lassen und in einem Studio in Frankfurt den alten Lou-Reed-Klassiker „Walk on the wild Side" aufgenommen. Im Nachhinein fragte sich Gerty Molzen des Öfteren, wie es möglich sein konnte, dass diese Nummer so ein Riesenerfolg wurde.

In ihrem bisherigen Leben spielten in der Tat weder Rock noch Roll eine Rolle. Am 30. Januar 1906 wurde Gerty in Flensburg geboren. Ihr Vater war ein angesehener Reeder in der Fördestadt, die Mutter eine Pastorentochter. „Ich wäre viel lieber ein Junge gewesen und habe alles daran gesetzt, in Jungenkreisen Anerkennung zu gewinnen. Ich war der Strolch der Straßen. Wo ich war, da war immer Wirbel", erzählte das Energiebündel später.
Ihr Vater erkannte, dass ein musikalisches Talent mit einer schönen Stimme in seiner Tochter schlummerte, und sorgte dafür, dass Gerty Gesangsunterricht bekam. In Berlin, München und Mailand wurde sie zur Opernsängerin ausgebildet, doch ihre

Premiere als Sängerin feierte sie 1930 in ihrer Heimatstadt, und zwar in der Marienkirche.
In den Dreißigerjahren sang sie an der Oper in Koblenz, in Saarbrücken und an weiteren Orten im In- und Ausland. Sie trat in der „Zauberflöte" und im „Zigeunerbaron" auf und landete sogar beim Film, zunächst als Gesangsstimme von Elisabeth Flickenschildt. In dem Film „Der Schritt des Wegs" des berühmten Gustaf Gründgens stand Gerty Molzen hinter einem Paravent und sang ein französisches Volkslied, während die Schauspielerin Flickenschildt dazu die Lippen bewegte. Bei diesen Dreharbeiten entdeckte Gründgens das komische Talent der Flensburgerin und machte sie darauf aufmerksam.
Sie lebte es das erste Mal aus, als sie während des Zweiten Weltkriegs zur Erheiterung der Truppen an der Front auftrat. Zunächst versuchte sie die Soldaten mit Klassik zu begeistern, doch nach etwas so Ernstem wie Brahms oder Schubert war den Männern nicht zumute.
Gerty reagierte, indem sie nach ihrem Akkordeon griff und ihr Musikprogramm den Bedürfnissen der Frontsoldaten anpasste. In jenem Moment wurde sie von der Opernsängerin zur Kabarettistin.

Nach Kriegsende trat sie live in Kurhotels sowie hin und wieder im Fernsehen auf, unter anderem in der Serie „Polizeirevier Davidswache", wo sie mit ihrer humorvollen Darstellung brillierte. Daneben nahm sie ihre dritte Karriere in Angriff und wurde Autorin. In ihren Büchern widmete sie sich insbesondere den Flensburger Petuhtanten, die um die Jahrhundertwende auf der „Alexandra" und anderen Schiffen bei Butterfahrten anzutreffen waren. Gerty Molzen habe „den Petuhtanten ein Denkmal gesetzt", hieß es in den Lübecker Nachrichten. Wahre Worte.

In ihren späten Siebzigern - einem Alter, in dem andere längst den verdienten Ruhestand genießen - startete Gerty noch mal durch. Der überraschende Erfolg, den sie 1985 mit „Walk on the Wild Side" einfuhr, sorgte für einen vollen Terminkalender bei der umtriebigen Rock-Oma. Sie sang in Wien, in London und sogar im „Palladium" in New York, dem ein Auftritt in der Show des legendären Late-Night-Talkers David Letterman vorausging. Sogar in Japan wurde über die Flensburger Sängerin, die gern mit Cowboyhut auftrat, berichtet, und die ARD zeigte ein TV-Porträt. Gerty Molzen avancierte zu einer weltweiten Berühmtheit.
Sie nimmt weitere Popsongs auf, darunter den alten Culture-Club-Hit „Do you really want to hurt me". Sie singt den Song auf ihre spezielle Weise und wird genau dafür gefeiert. Im September 1986 erfährt sie eine ganz besondere Ehre. Bundespräsident Richard von Weizsäcker überreicht ihr das Bundesverdienstkreuz am Bande, für „erheiternde und stärkende Dienste am jungen und alten Volk".

Ziemlich genau vier Jahre später, am 31. August 1990, stirbt Gerty mit 84 Jahren in ihrem Haus in Glücksburg. Ihre Asche wurde dem Meer übergeben, auf das sie von ihrem Haus aus so gern hinunterblickte. In den Herzen der Flensburger aber lebt sie weiter und wird wohl für immer unvergessen bleiben - als eine einzigartige Persönlichkeit, die ihrem Publikum sowohl Petuh als auch Pop auf unvergessliche Art näherbrachte.

7

DELFINE IN DER FÖRDE

„Na, wie war dein Urlaub?", wollte ein Kollege von Berufstaucher Stephan Thomsen wissen, als dieser im Februar 2016 nach seiner Rückkehr aus Thailand seinen ersten Arbeitstag antrat. Er arbeitete für die Berufsfeuerwehr Flensburg und bereitete einen planmäßigen Übungstauchgang vor.
„Ach, der Urlaub war ganz schön, aber ich hatte mir mehr versprochen", berichtete Stephan. „Viel Besonderes gab es dort unter Wasser nicht zu sehen."
„Keinen Walhai entdeckt?"
Stephan schüttelte den Kopf. „Nicht einen einzigen."

Er reiste seit Jahren an die Orte der Welt, die als Hotspots für Taucher bekannt waren, denn das Tauchen war nicht nur sein Beruf, sondern auch seine Leidenschaft. Dass er nur wenig später ausgerechnet in der Flensburger Förde etwas Außergewöhnliches erleben würde, ahnte er zu diesem Zeitpunkt nicht.
Bald war der Tauchgang vorbereitet und Stephan Thomsen sprang gut ausgerüstet in das nur drei Grad kalte Wasser. In Thailand herrschten andere Temperaturen, doch Stephan akklimatisierte sich rasch. Er ging tiefer, zehn Meter, zwölf Meter, genoss die Ruhe und das Gefühl der Schwerelosigkeit und betrachtete die gewohnte Umgebung, als der Schlamm auf dem Boden um ihn herum unversehens aufgewühlt wurde. Stephan stutzte und schaute sich interessiert um, um herauszufinden, wie es dazu gekommen war. Er befand sich in beinahe 14 Metern Tiefe, dicht am Meeresgrund. Als er sich um die eigene

Achse drehte, tauchten wie aus dem Nichts zwei Delfine vor ihm auf.
Hätte seine Taucherbrille ihn nicht gehindert, er hätte sich gewiss ungläubig die Augen gerieben. Delfine in der Flensburger Förde? Stephans Herz schlug schneller, er konnte sein Glück kaum fassen. Ihm war bekannt, dass Große Tümmler - und um diese handelte es sich zweifelsfrei - sich eigentlich in der nördlichen Nordsee oder im Atlantik aufhalten. Dass die Meeressäuger sich in die Ostsee verirrten, kam schon selten genug vor, aber welche in der Flensburger Innenförde zu entdecken, glich einer Sensation!

Vollkommen überwältigt von dem Anblick, der sich ihm bot, beobachtete Stephan die Tiere. Ein Delfin schwamm ganz in seiner Nähe, umrundete den Taucher neugierig. Er wirkte etwas größer als der andere, der vorsichtiger agierte und lieber Abstand hielt. Beide maßen mindestens drei Meter. Sie schienen ihn anzulächeln, nickten beim Schwimmen vergnügt mit dem Kopf, schossen unversehens an ihm vorbei, waren mal über, mal unter ihm, verschwanden plötzlich und tauchten dann aus einer anderen Richtung wieder auf. Fasziniert von dem, was er gerade erlebte, vergaß Stephan Raum und Zeit.
Ein Jammer, dachte er irgendwann, dass ich keine Kamera dabeihabe. Das ließ sich aber schnell ändern. Voller Euphorie schwamm Stephan an die Wasseroberfläche und berichtete seinem Kollegen aufgeregt von seiner Entdeckung. Der war ebenso von den Socken wie Stephan selbst.
„Da fällt mir was ein", sagte er, nachdem Stephan aus dem Wasser geklettert war. „Ein Fischer hat vor einiger Zeit gemeldet, er hätte Delfine gesehen. Davon konntest du natürlich nichts wissen, du warst ja im Urlaub."

„Wir brauchen unbedingt eine Unterwasserkamera", meinte Stephan. „Ich glaube, Benni hat eine."
Also riefen sie bei Fotograf Benjamin Nolte an, der ihnen kurzerhand das gewünschte Equipment zur Verfügung stellte. Perfekt ausgerüstet ging es ein weiteres Mal ins Wasser. Wieder tauchten die beiden Delfine auf und machten den Eindruck, dass ihnen die Aufmerksamkeit, die ihnen zuteilwurde, gefiel. Sie waren verspielt, neugierig, ja, fast zutraulich. Auch die Kamera schien sie nicht zu stören. Stephan war überwältigt und beendete den Tauchgang nur ungern.
Abends stellte er das Video bei Facebook ein und erfuhr bald darauf, dass die beiden Delfine vor einiger Zeit in Schweden gesichtet und auf die Namen „Selfie" und „Delfi" getauft worden waren. Delfi hieß der größere Tümmler, äußerlich außerdem erkennbar an einer Einkerbung an der Rückenfinne. Es handelte sich um zwei Männchen und beide fühlten sich in der Förde augenscheinlich sehr wohl.

Am nächsten Tag tauchte Stephan erneut ab. Einige Zeit verging, ohne dass Delfi und Selfie sich blicken ließen, doch nach einer halben Stunde wurde Stephans Geduld belohnt. Bis seine Pressluftflasche leer war, blieb er unter Wasser und filmte die aufgeweckten Tümmler, denen es offenbar gefiel, dass sie einen Spielkameraden bekommen hatten. Und auch Stephan genoss dieses einmalige Erlebnis.
Das Video bei Facebook setzte indes etwas in Gang, womit er niemals gerechnet hätte. Die BILD-Redaktion rief bei seinem Chef an, und auch Fernsehsender wie RTL und ZDF sowie der NDR zeigten Interesse an dem Phänomen, das sich in der Flensburger Förde abspielte. Stephan Thomsen avancierte in kürzester Zeit zum „Delfin-Flüsterer". Gemeinsam mit seinem Freund Tobias Kaiser machte er unzählige Aufnahmen von den

Tümmlern und lud die Videos bei YouTube hoch, wo sie begeisterte Reaktionen hervorriefen.
Delfi und Selfie schienen nun täglich auf den Besuch ihres neuen Kumpels zu warten. Wenn das Surren seines Scooters, mit dem er von Sonwik aus auf die Förde fuhr, unter Wasser zu hören war, war dies das Zeichen für die Delfine, dass sie Besuch bekamen. So dauerte es niemals lange, bis sie auftauchten und Stephan und seinen Kumpel Tobi begrüßten.
In Flensburg sorgte all das für gewaltiges Aufsehen. Am Hafen tummelten sich unzählige Neugierige, die hofften, einen Blick auf die Tiere erhaschen zu können. Die „Möwe", ein Fahrgastschiff, bot ihnen die Möglichkeit, näher an die Delfine heranzufahren und die Flensburger nahmen das Angebot dankbar an. Täglich um 14.00 Uhr schipperte die „Möwe" tuckernd mit knapp fünfzig Gästen auf die Förde hinaus und sorgte so für unzählige Ausrufe der Begeisterung sowie für leuchtende Augen, wenn Selfie und Delfi sich blicken ließen und ihre fröhliche Show abzogen. Doch niemand kam den beiden Tümmlern so nah wie Stephan Thomsen, der sich jeden Tag wieder auf das Zusammensein mit den Delfinen freute.

Auch außerhalb des Wassers hatte er durch Selfie und Delfi spannende Erlebnisse sowie beeindruckende Begegnungen. Im Schifffahrtsmuseum lernte er beispielsweise im Rahmen eines Vortrags Rick O'Berry kennen, den ehemaligen Trainer des berühmten Fernseh-Delfins „Flipper". Bei der Unterhaltung mit dem über achtzigjährigen O'Berry erfuhr Stephan, dass Flipper von fünf unterschiedlichen Delfinen gespielt worden war. „Und zwar ausschließlich von Weibchen", berichtete der Flipper-Trainer. „Männchen eignen sich nicht dafür. Sie werden zu aggressiv, wenn sie sexuell erregt sind."

O'Berry erzählte weiter, er fühle sich schuldig, weil durch die Flipper-Filme ein regelrechter Delfin-Hype entstanden war, der dazu führte, dass rund um die Welt diese wunderbaren Tiere in Delfinarien gequält wurden. Inzwischen setze er sich dafür ein, dem ein Ende zu bereiten.
Apropos Ende: Anfang März fanden Delfi und Selfie wohl, sie müssten weiterziehen. Jedenfalls ließen sie sich nicht mehr blicken, wenn Stephan untertauchte, um sie zu besuchen.
Zu jener Zeit war er damit beschäftigt, Segelyachten von Gelting nach Flensburg zu überführen. An einem Tag, als er gerade mit einigen anderen Segelbooten an der Halbinsel Holnis vorbeikam, entdeckte er zu seiner Erleichterung Selfie und Delfi im Wasser. Sie waren also gar nicht weit gekommen, sondern hatten lediglich die Innenförde verlassen und erkundeten nun die Außenförde. Selfie und Delfi machten sich zu Stephans Freude einen Spaß daraus, die Segelboote auf ihrem Weg nach Flensburg zu begleiten.
Auf Höhe der Ochseninseln erblickte Stephan die „Möwe", die wieder einmal mit vielen Fahrgästen unterwegs war, in der Hoffnung, vielleicht doch noch auf die Delfine zu stoßen, obwohl sie ja bereits seit einiger Zeit nicht mehr zu sehen gewesen waren. Diesmal hatten sie Glück. Die Segelyachten mit Selfie und Delfi an der Seite kamen näher, so nah, dass Stephan den Flensburgern zurufen konnte: „Ich bringe euch die beiden zurück".
Ausgelassene Rufe und frohes Lachen schallten von der „Möwe" bis zu den Yachten hinüber. Die Fahrgäste ballten sich auf einer Schiffseite, sodass Stephan gar befürchtete, die „Möwe" wurde umkippen. Das geschah zum Glück nicht. Stattdessen gaben Selfie und Delfi ihre letzte, von Applaus und begeistertem Jubel begleitete Vorstellung.

Stephan Thomsen sollte noch einmal die Gelegenheit erhalten, mit seinen beiden tierischen Freunden zusammen zu sein. Mitte März erfuhr er, dass die Delfine in Kiel gesichtet worden waren und fuhr kurzentschlossen dorthin.
Ein letztes Mal genoss er das Glücksgefühl, den beiden Tümmlern, die er ins Herz geschlossen hatte, so nahe zu sein. Auch Selfie und Delfi schienen zu spüren, dass dies ein Abschied war. Gern hätte Stephan sie gestreichelt, doch er beherrschte sich schweren Herzens. Hatte er bisher die Regel, die Tiere nicht anzufassen, beherzigt, wollte er sich auch jetzt daran halten. Wie immer umkreisten die Delfine ihn, tauchten auf und ab, schossen dann aus völlig anderer Richtung auf ihn zu, und kamen ihm so nahe, dass er wirklich nur die Hand hätte ausstrecken müssen, um sie zu berühren. Schließlich, als hätten sie ein Stichwort erhalten, drehten sie sich um und schwammen davon.
Wehmütig schaute Stephan ihnen nach. Doch das Gefühl des Verlustes hielt nicht lange an, denn immer, wenn er sich eines seiner vielen Videos anschaut, kommen selbst Jahre später die aufregenden und schönen Erinnerungen zurück. Dann kann er gar nicht anders, er muss einfach lächeln.

8 WISSENSWERTES ÜBER GLÜCKSBURG

Wenn eine Stadt einen so schönen Namen hat wie Glücksburg, dann passt sie natürlich in dieses Buch wie Max zu Moritz. Wohl jeder Flensburger kennt Glücksburg, hat dort bereits am Strand gelegen, ist durch den Wald und das gemütliche Zentrum geschlendert oder hat das berühmte Wasserschloss besichtigt. Zweimal zierte dieses märchenhaft anmutende Gebäude sogar eine Briefmarke. 1977 gab es 10-Pfennig-Marken und 2013, diesmal in Farbe und selbstklebend, erschien die Sehenswürdigkeit als 45-Cent-Marke.

Dort wo heute das Schloss steht, befand sich lange Zeit ein Zisterzienserkloster. Gegründet wurde es vor mehr als 800 Jahren, nämlich um 1209. Zu jener mittelalterlichen Zeit, als das Kloster seinen Betrieb aufnahm, gab es im Bereich des heutigen Hindenburgplatzes ein Dorf namens Skovby (Walddorf). Beides zusammen, Kloster und Dorf, könnte man wohl als die Keimzelle des heutigen Glücksburg bezeichnen.

Ein paar Jahrhundertelang lebten Dorfbewohner und Mönche recht friedlich vor sich hin. Wie überall wurde fleißig Landwirtschaft betrieben, munter gehandelt und fromm gebetet. Dann tauchte Anfang des 16. Jahrhunderts ein Mann namens Martin Luther auf und sorgte mit seinen 95 Thesen für erheblichen Wirbel, wie wir alle wissen. Die Reformation machte auch vor

Glücksburg nicht halt. Im Zuge der allgemeinen religiösen Umstrukturierung wurde das Kloster aufgehoben und begann schließlich zu verfallen.
Nach dem Tod von Herzog Johann dem Älteren, dem der Grundbesitz seit 1544 gehörte, erbte dessen Neffe – der sinnigerweise auf den Namen Johann der Jüngere hörte – knapp vierzig Jahre später die Ruinen samt Umgebung. Dieser jüngere Johann wurde 1545 als Königssohn geboren, denn sein Vater war Christian III. von Dänemark. Johann hatte vier Geschwister, er selbst kam als vorletztes Kind zur Welt. In Sachen Nachwuchs übertrumpfte Johann seine an sich schon fleißigen Eltern deutlich. Aus seinen zwei Ehen gingen sage und schreibe 23 (!) Nachkommen hervor. Mithilfe seiner ersten Frau Elisabeth wurde er 14-mal Vater, und als diese 1586 mit nur 36 Jahren starb, heiratete Johann der Jüngere die noch keine fünfzehn Lenze zählende Agnes Hedwig von Anhalt.
Obwohl so jung, hatte Agnes bereits einiges erlebt. Mit nur acht Jahren ernannte man sie zur Äbtissin, und als Dreizehnjährige wurde sie mit dem 60-jährigen Kurfürst August von Sachsen vermählt, der Agnes nur wenige Wochen darauf zur Witwe machte. Darüber, wie sehr sie um ihren so viel älteren Gemahl getrauert haben mag, kann nur spekuliert werden. Johann der Jüngere jedenfalls war mit seinen 43 Jahren im besten Alter, als er die knapp fünfzehnjährige Agnes ehelichte, was sich auch dadurch ausdrückte, dass Agnes ihm neun weitere Kinder schenkte. Einige ihrer 14 Stiefkinder waren im Übrigen bei der Eheschließung älter als die Braut.

Zurück zum Schloss: 1582 erbte der jüngere Johann also das Rudekloster und ließ die Gemäuer einreißen. Hochwertige Materialien aus dem Kloster wurden für den Neubau genutzt. Man arbeitete also schon damals mit der Recycling-Methode.

Granitquader der alten Klosterkirche wurden im Fundament verbaut, viele Ziegelsteine nutzte man für den weiß verputzten Backsteinbau. Nach fünf arbeitsintensiven Jahren unter der Leitung des Baumeisters Nikolaus Karies war der Schlossbau schließlich vollendet und ist bis heute in weiten Teilen unverändert. Im ersten und zweiten Stock befinden sich die ehemaligen Schlaf- und Essräume der Herzogsfamilie, darunter Ritter- und Bankettsäle. Auch in den Turmzimmern befinden sich Wohnräume. Unterhalb der damals bewohnten Etagen gibt es zum einen eine herzogliche Gruft, zum andern eine barocke Schlosskapelle, die heute Romantikern für Hochzeiten zur Verfügung steht.
In den Jahrhunderten nach seiner Errichtung fungierte das Glücksburger Schloss als Stammsitz der herzoglichen Linie des Hauses Glücksburg sowie zeitweise als Sommerresidenz des dänischen Königshauses. 1864, nach Beendigung des Deutsch-Dänischen Krieges, wurde Glücksburg preußisch. Am 1. April 1900 erhielt der Ort das Stadtrecht und wurde damit zur nördlichsten Stadt Deutschlands. Unter dem See befindet sich übrigens nach wie vor der Friedhof der Mönche. Auf die Zeit, in der die Mönche die Umgebung bewirtschafteten, weisen Ortsnamen wie Munkbrarup und Munkwolstrup hin, denn Munk bedeutet nichts anderes als „Mönch".

Im Norden von Glücksburgs befindet sich die Halbinsel Holnis, deren Spitze die Flensburger Förde in Innen- und Außenförde teilt. Holnis ist ein Naturschutzgebiet, bietet eine wunderschöne Landschaft und herrliche Sandstrände. Für Urlauber und Naturliebhaber ein absolutes Paradies. Von Holnis-Spitze aus hat man einen tollen Blick nach Dänemark und zur weißen Kirche von Broager mit ihren zwei dunkel aufragenden Kirchtürmen. Um diese Kirchtürme rankt sich übrigens eine Legende.

Es heißt, dass der Ritter von Broager die Kirche auf eigene Kosten errichten ließ. Ehe jedoch der Bau vollendet war, beschloss der Ritter ins Heilige Land zu reisen. Seine Frau sollte an seiner Stelle die Bauarbeiten überwachen. Beim Abschied bat der Ritter seine schwangere Gemahlin, dafür zu sorgen, dass der Kirchturm spitz zulaufen solle, falls sie einen Sohn bekäme. Sollte er Vater einer Tochter werden, möge der Kirchturm dagegen stumpf sein. Sie versprach, daran zu denken. Und als der Ritter aus dem Heiligen Land zurückkehrte, erkannte er bereits von Weitem die zwei spitz zulaufenden Kirchtürme und wusste so, dass seine Frau zwei Jungen zur Welt gebracht hatte. Ob diese Geschichte sich so zugetragen hat oder nicht – die Halbinsel Holnis sowie Glücksburg mitsamt seinem malerischen Wasserschloss sind auf jeden Fall einen Besuch wert.

9

VON DEN BERGEN ANS MEER

Das permanente Brummen der Flugzeugmotoren in den Ohren, schaute Melanie durch das kleine Fenster. Durch die Löcher in der lockeren Wolkendecke fiel ihr Blick auf das winterliche Hamburg. Ein blaues Band durchzog die Stadt, unterbrochen von vielen Brücken. Hochhäuser konnte sie ebenso erkennen wie Kirchtürme. Die Landschaft rundherum war so ungewohnt flach, präsentierte sich ihr wie auf einem Tablett. Wie anders es hier war, verglichen mit ihrer Heimat.

Melanie lebte seit ihrem achten Lebensjahr in St. Gallen in der Schweiz, unterhalb des Bodensees gelegen, und umgeben von hohen Bergen wie dem Säntis, dem Altmann oder dem Chäserrugg. Hier in Norddeutschland gab es keine Gipfel oder Bergwanderwege, doch das störte Melanie nicht im Geringsten. Im Gegenteil. Sie war gespannt auf all das Neue, das sie erwartete. Und sie freute sich darauf, Sarah endlich persönlich gegenüberzustehen. Zwei Jahre zuvor, 2016, hatte sie die Freundin, die sich wie Melanie dem Reitsport verschrieben hatte, online kennengelernt und seither standen sie in regem Kontakt. Sie wussten viel voneinander, kannten sich gut, ohne sich wirklich zu kennen. Das sollte nun anders werden und Melanie konnte es kaum erwarten.

Am Hamburger Flughafen wurde sie von Sarah abgeholt. Die Begrüßung fiel so herzlich aus, dass Melanie sich in der Gegenwart der „realen" Sarah sofort wohlfühlte. „Schön, dass du endlich da bist! Soll ich dir deinen Rucksack abnehmen?" Sarah wartete die Antwort nicht ab, griff nach dem Gepäckstück und schnallte es sich um. „Dann wollen wir mal. Wir haben noch knapp anderthalb Stunden Fahrt vor uns."

Die Zeit auf der A7 verging rasch, so viel hatten sie sich zu erzählen. Zwischendurch schaute sich Melanie interessiert die Gegend an.

„Was ist das für ein Fluss?", fragte sie, als sie über eine große Brücke fuhren. Sarah lachte. „Gar keiner. Das ist der Nord-Ostsee-Kanal."

Melanie staunte und betrachtete fasziniert die vielen Schiffe, große und kleine, die gemächlich dahintrieben. Schließlich erreichten sie den kleinen Ort nahe Sörup, in dem Sarah zu Hause war. Sie parkte ihren Wagen vor einem kleinen Holzhaus, das Melanie auf den ersten Blick mochte. Sie traten ein.

„Das ist unser Gästezimmer", verkündete Sarah kurz darauf und öffnete die Tür zu einem gemütlich eingerichteten Raum. „Ich hoffe, es gefällt dir."

„Sehr", antwortete Melanie dankbar und stellte ihr Gepäck ab. „Hier kann man sich nur wohlfühlen."

„Das freut mich. Komm erst einmal an, dann zeige ich dir den Stall, wenn du magst."

Der Stall war nicht weit entfernt. Raschelnde Hufe im Stroh, leises Schnauben und Mahlen empfing sie, als sie durch das große Tor traten. Innen roch es würzig nach Heu, Pferden und Leder. Melanie atmete tief ein und genoss die ruhige Atmosphäre, die sie einhüllte.

„Ich bin richtig froh, mal eine Weile weg zu sein", gab sie zu, als sie gemeinsam mit Sarah an der Box ihres Pferdes anhielt und dessen kräftigen Hals tätschelte. „Zwischen mir und meinem Freund läuft es nicht mehr so richtig. Mein Job ist zwar ganz nett, aber wirklich Spaß macht er mir nicht. Ich brauche eine

Pause von St. Gallen und allem, was damit zusammenhängt."
„Dann ist es ja gut, dass du hier bist", meinte Sarah nur und zwinkerte Melanie zu.
In den nächsten Tagen zeigte sie ihrer Freundin bei schönstem Wetter alles, was Flensburg und die Umgebung ausmacht, und Melanie war rundum begeistert. „Die Innenstadt, die Strände, auch die Menschen - ich finde Flensburg einfach toll. Weil alles so anders ist, als ich es kenne."
„Was ist denn an den Menschen hier so anders?", wollte Sarah wissen.
Melanie überlegte, wie sie ihre Eindrücke am besten formulieren könnte. „Sie sind so herrlich direkt", meinte sie schließlich. „Wenn ihnen was nicht passt, dann sagen sie es. Die Schweizer beschweren sich gern hinten herum, während sie vorn freundlich tun. Das hat mich schon lange gestört. Ich fühle mich hier jetzt schon mehr zu Hause als in all den Jahren daheim."
Sie seufzte. Melanie hatte keine leichte Kindheit gehabt. Als ihre Eltern sich trennten, war Melanie erst zwei Jahre alt gewesen. Es folgten die Scheidung, Streitereien und Gerichtstermine. Als Achtjährige zog sie mit ihrer Mutter von Luzern nach St. Gallen. Dort fasste Melanie nie so richtig Fuß. Sie war unglücklich, was unter anderem am Mobbing in der Schule lag, das ihr zusetzte. In Flensburg dagegen fühlte sie sich frei und leicht. Sie genoss es, dass sie niemanden außer Sarah kannte, und liebte es, durch die Altstadt zu bummeln oder am Strand zu stehen, dem Möwengeschrei zu lauschen und die Wellen zu beobachten, die auf den Sand zurollten.
Ihre Eltern und Geschwister liebten die Berge, doch Melanie hatte diese Begeisterung nie so recht teilen können. Stattdessen empfand sie eine tiefe Verbundenheit mit dem Meer. Sie war eben anders als ihre Familie. Ihre Zuneigung für die Stadt an der Förde wuchs mit jedem Tag. Gemeinsam mit Sarah und

einigen Freunden feierte sie Silvester, dann hieß es Anfang des neuen Jahres Abschied nehmen. Selten war Melanie etwas so schwergefallen.
Sarah brachte sie nach Kiel. Dort stieg Melanie nach einer letzten Umarmung todtraurig in einen Kielius-Bus, der sie zum Hamburger Flughafen bringen würde. Mit Tränen in den Augen winkte sie Sarah zu, und als der Bus sich in Bewegung setzte, begann sie endgültig zu weinen und konnte eine ganze Weile nicht mehr aufhören. Sie wusste, in St. Gallen hatte sie alles. Einen Freund, eine Wohnung, einen Job, ihre Familie. Und doch gab es nichts, worauf sie sich mit jeder Faser ihres Herzens freute. Das war kein schöner, eher ein erschreckender Gedanke. Sie kehrte zurück in die Schweiz, aber mit dem Herzen blieb sie in der Fördestadt.
„Ich vermisse Flensburg", vertraute sie Sarah einige Tage später am Telefon an. „Das Leben dort, das Meer, die Menschen. Ich würde so gern zurückkommen."
„Dann tu es doch", erwiderte Sarah. „Und beim nächsten Mal bleibst du einfach hier."
Dieser Satz ließ Melanie nicht mehr los. Sie begann sich im Internet über Wohnungen und einen Arbeitsplatz in Flensburg und Umgebung zu informieren. Zunächst ohne festen Plan, einfach so, mehr aus Spaß. Aber als sie spürte, dass ihr Freund sich mit dem Gedanken trug, ihr einen Heiratsantrag zu machen, nahm der Wunsch, von der Schweiz nach Norddeutschland zu ziehen, schärfere Konturen an. Bis ihr schließlich klar wurde, dass es genau das war, was sie von ganzem Herzen wollte. Statt einer Hochzeit in St. Gallen einen Neuanfang in Flensburg. Sie war noch so jung, erst Anfang zwanzig. Hatte das ganze Leben vor sich. Bei dem Gedanken, ihren Freund zu heiraten und mit ihm bis ans Ende ihres Lebens in St. Gallen festzusitzen, verspürte sie einen schmerzenden Knoten

in ihrem Inneren. Also nahm sie all ihren Mut zusammen und sagte ihrem Freund, dass es keine gemeinsame Zukunft geben würde. Wenig später schickte sie mit klopfendem Herzen ihre ersten Bewerbungen nach Flensburg. Ihren Job hatte sie bereits zuvor in einem Anfall von Leichtsinn gekündigt, und doch wusste Melanie, dass die Entscheidung richtig war.

Als sie eines Tages eine Einladung zu einem Vorstellungsgespräch erhielt, hätte sie laut jubeln können vor Freude. Aufgeregt teilte sie Sarah mit, dass sie bald wiederkommen würde. Diesmal fuhr sie mit dem Zug nach Flensburg. Als er auf dem Bahngleis hielt, strahlte Melanie von einem Ohr zum anderen. Selbst die nüchterne, beinahe abweisende Atmosphäre des alten Bahnhofgebäudes änderte nichts daran. Melanie hatte das wunderbare Gefühl, nach Hause gekommen zu sein.

Im Mai 2019 war es endgültig so weit. Sie brach in St. Gallen alle Zelte ab und zog nach Norddeutschland. In Sörup hatte sie eine Anstellung gefunden und in Steinbergkirche eine schöne Wohnung.

Mindestens zweimal in der Woche fährt Melanie heute nach Flensburg und freut sich jedes Mal, wenn sie am Hafen entlangschlendert oder mit ihrem neuen Freund durch die Stadt bummelt, dass sie ihrem Instinkt gefolgt und hierher gezogen ist.

Hin und wieder, an wolkenlosen Tagen, wenn sie auf der Landstraße zur Arbeit fährt und den Sonnenaufgang über den Feldern beobachtet, verspürt sie dieses tiefe Glücksgefühl, endlich angekommen zu sein. Meine Heimat wird immer die Schweiz sein, denkt sie dann, aber hier bin ich zu Hause.

10
KÖNIGLICHER BESUCH

Der 13. Juni 1978 war ein sonniger Dienstag und die Schreiberin dieser Zeilen fieberte ihrem 10. Geburtstag im Juli entgegen. Meine Familie und ich wohnten damals in der Margarethenstraße im Norden der Stadt, schräg gegenüber eines stark frequentierten Spielplatzes, auf dem auch ich viele Nachmittage verbrachte. Der Spielplatz wiederum grenzte an den Schulhof der Handelsschule am Schlosswall. Zu jener Zeit ahnte ich nicht, dass ich Jahre später in diesem mir so imposant erscheinenden Gebäude die theoretischen Grundlagen für den Beruf der Rechtsanwalts- und Notariatsfachangestellten erlernen sollte.

An diesem Juni-Dienstag jedenfalls freuten sich die Flensburger auf das angekündigte Erscheinen einer richtigen Königin. Margarethe II. von Dänemark wollte die Fördestadt und insbesondere die Bürger, die der dänischen Minderheit angehörten, besuchen. Damals war sie 38 Jahre alt und erst seit wenigen Monaten im Amt. Eigentlich hätte ihr Onkel Knut der nächste König nach Margarethes Vater Frederik sein sollen, doch eine Änderung der Verfassung ließ nach 1953 die weibliche Thronfolge zu, sodass Margarethe mit 13 Jahren zur Kronprinzessin wurde.
Sie stammt aus dem Haus Schleswig-Holstein-Sonderburg-Glücksburg und ihr Stammbaum ist beachtlich. Zu ihren Vorfahren und Verwandten gehören u. a. die englischen Königinnen Victoria und Elisabeth II., außerdem Luise von Preußen, Großfürst Michael Romanow von Russland und nicht zu vergessen Schwedens König Carl XVI. Gustav, der ihr Cousin 1. Grades ist.

Aber mit königlichem Pomp hat Margarethe II. es eher weniger, sie mag es gern bodenständig. Neben Politikwissenschaften hat sie prähistorische Archäologie studiert, spricht fließend fünf Sprachen, war als Übersetzerin tätig und ist äußerst kreativ. Als Grafikerin, Malerin und Designerin hat sie z. B. Kirchengewänder, Theaterkostüme und Bühnenbilder entworfen. 1977 illustrierte sie die dänische Ausgabe des Buches „Der Herr der Ringe" von Tolkien – allerdings nicht unter ihrem wirklichen Namen. Ihr Pseudonym lautete Ingahild Grathmer. Darüber hinaus entwarf sie für den Film „Die wilden Schwäne" nach einem Märchen von Hans-Christian Andersen Kostüme und Dekor. Sogar Briefmarken hat sie gestaltet.
Neben all diesen Interessen und ihren Aufgaben als Königin hat sie – das darf man nicht vergessen – ein Privatleben. Mit 27 Jahren heiratete sie 1967 den französischen Diplomaten Henri de Laborde de Montpezat, allgemein als Prinz Hendrik bekannt. Ein Jahr später kam Kronprinz Frederik zur Welt und 1969 dessen Bruder Prinz Joachim. Die zwei waren nicht dabei, als Margarethe II. und Prinz Hendrik 1978 in Flensburg vorbeischauten.

Diese Stippvisite hatte große Bedeutung, denn seit 1864 – jenem Jahr, in dem Schleswig aufhörte, dänisch zu sein – war niemand aus der dänischen Königsfamilie je wieder hier gewesen. Nun aber war es so weit und Tausende Flensburger, egal ob dänisch oder nicht, warteten am Hafen, als die königliche Yacht „Dannebrog" am Kai anlegte. Sobald die Königin mit ihrem Ehemann Prinz Hendrik an der Reling erschien und zur Begrüßung freundlich winkte, jubelten die Zaungäste den beiden Royals zu. Kinder schwenkten eifrig die dänische Flagge. Die Königin trug ein geblümtes Sommerkleid und dazu einen breitkrempigen weißen Hut. Eine gewaltige Enttäuschung für mich persönlich, an die ich mich gut erinnern kann. Als mir gesagt wurde, dass ich eine Königin sehen würde, war ich sicher, sie würde eine Krone auf dem Kopf und um die Schultern einen dieser typischen roten Umhänge mit Hermelinkragen tragen. In jedem Märchenbuch sahen royale Adlige schließlich so aus. Und nun kam eine Königin daher, die sich gar nicht wesentlich von normalen Menschen unterschied. Das war eine ernüchternde Erfahrung.

Ein Programmpunkt der Ehrengäste war die Einweihung jenes Teils der A7, der von Ellund aus nach Dänemark führte. Bis dahin hatte nämlich die Abfahrt Flensburg-Harrislee das Ende der Autobahn markiert. Nun aber konnte man über die Schnellstraße bis nach Dänemark hineinfahren. Gemeinsam mit Bundespräsident Walter Scheel, der diesem historischen Moment ebenfalls beiwohnte, gab die dänische Königin um fünf Minuten vor elf die Passkontrolle in Ellund frei. So voll wie an diesem Tag war es dort seither wohl nie wieder. Um 12.32 Uhr rollte der erste Wagen über die Grenze, begleitet vom Jubel der Zuschauer.
Überhaupt säumten die Flensburger alle Wege, auf denen sich Margarethe II. sehen ließ. Sie besuchte zum Beispiel das dänische Konsulat im Nordergraben, eine dänische Schule, wo den Gästen von jungen Schülern etwas vorgetanzt wurde, und die Dänische Bibliothek in der Norderstraße. Dort staunte eine Zuschauerin nicht schlecht, als sie merkte, dass die Königin mit brennender Zigarette durch die Straße schlenderte. Bis heute ist Margarethe II. für ihr qualmendes Laster weltbekannt, damals jedoch war dies ein ungewöhnlicher Anblick. Der letzte Programmpunkt ihrer Reise war ein Besuch des Rathauses, wo die royalen Gäste sich in das Goldene Buch der Stadt Flensburg eintrugen.

Mag rückblickend jener Tag meiner Kindheit für mich persönlich wegen der unköniglichen Garderobe eine herbe Enttäuschung gewesen sein, so war es doch ein glücklicher Tag für die Stadt und für das Verhältnis zwischen Flensburg und dem dänischen Königreich. Seither war Margarethe II. häufiger zu Gast in der Fördestadt. Zuletzt 2019, als ihr Besuch den Beginn der Feierlichkeiten markierte, die zum 100. Jahrestag der Wiedervereinigung Dänemarks 1920 zelebriert wurden. Auch bei dieser Stippvisite kam keine Krone zum Einsatz.
Aber ob mit oder ohne königliche Kopfbedeckung – Margarethe II. kommt auf jeden Fall sehr würdevoll rüber – und vor allem sehr sympathisch.

11

BEATE UHSE UND DER TRAUM VOM FLIEGEN

Beate Uhse ist meines Wissens die einzige Flensburger Persönlichkeit, über die es sogar einen Spielfilm gibt. Und das ist kein Wunder, denn sie hat viel erlebt, und mit Tatkraft und Engagement ein riesiges Unternehmen aufgebaut.

Am 25. Oktober 1919 kam sie in dem Ort Wargau in Ostpreußen als jüngstes von drei Kindern zur Welt. In einem Interview erzählte sie 1997 von ihren Eltern und ihrer Kindheit. Sie wuchs unbeschwert auf einem Gut auf, das ihr Vater, der Landwirt Otto Köstlin, gepachtet hatte, und tobte ausgelassen zwischen Pferden, Kühen und anderen Tieren herum. Beates Mutter Margarete war eine der drei ersten Ärztinnen in Deutschland und eine emanzipierte und selbstbewusste Frau. An ihrem Vater dagegen schätzte Beate besonders seine liebevolle, charmante und heitere Art. „Ich habe mit meinen Eltern großes Glück gehabt und von beiden sehr profitiert", sagte sie später. „Wie gut die Eltern sind, merkt man erst dann so richtig, wenn man selbst Kinder hat."
Sie war sieben Jahre alt, als 1927 das erste Mal der Atlantik überflogen wurde. Eine Sensation! Jener Flug von Charles Lindbergh hat Beate dermaßen fasziniert, dass sie kurzerhand beschloss: Ich werde Pilot. Aufgeregt erzählte sie den Arbeitern auf dem Hof von ihren Zukunftsplänen, aber die lachten sie aus. „Du kannst kein Pilot werden. Du bist doch nur ein Mädchen", sagten

sie. Beate war so enttäuscht und traurig, dass sie zu ihrem Vater rannte und sich auf seinem Schoß erst einmal ausheulte. Stockend berichtete sie von dem, was die Arbeiter zu ihr gesagt hatten. Ihr Vater klopfte ihr tröstend den Rücken und sagte: „Du bist für uns genauso wertvoll wie dein Bruder. Und wenn du etwas wirklich willst, dann kannst du es auch."
Beate sah ihn hoffnungsvoll und mit verheulten Augen an. „Wirklich?"
„Aber ja! Gerade erst haben die Russen eine Frau zum Schiffskapitän gemacht. Warum also sollte eine Frau nicht auch Pilot werden?" Mit ernster Miene und fester Stimme fuhr er fort. „Du wirst vielleicht Schwierigkeiten überwinden müssen, musst vielleicht ins Ausland gehen. Aber du kannst es schaffen, da habe ich gar keinen Zweifel."

Dieser Zuspruch ihres Vaters hatte großen Einfluss auf das Selbstwertgefühl der kleinen Beate. Wenn ihr jemand von da an weismachen wollte, sie könne keine Pilotin werden, weil sie ein Mädchen sei, hat sie nur gegrinst und gesagt: „Quatscht doch, was ihr wollt. Ich kann Pilot werden!"
Dieses Ziel verlor sie auch nicht aus den Augen. Mit siebzehn Jahren begann sie dank der Unterstützung ihrer Eltern den Flugschein zu machen und hielt ihn an ihrem 18. Geburtstag endlich in Händen. Damit war es aber nicht genug. Beate wollte Kunstfliegerin werden. Ihr Fluglehrer war Hans-Jürgen Uhse. Mit seiner Hilfe machte sie zwei Kunstflugscheine, gewann diverse Preise – und verliebte sich in ihn.
Kurz nach Ausbruch des Zweiten Weltkriegs, im September 1939, heiratete sie Hans-Jürgen. Er war im Krieg für die Luftwaffe tätig und Beate arbeitete für eine Privatfirma als Pilotin. Sie überführte reparierte oder neue Flugzeuge. Eine Tätigkeit, die Gefahr barg, denn mehr als einmal erlebte sie Angriffe durch alliierte

Jagdflugzeuge, geriet unter Beschuss. Nur ihrem fliegerischen Können war es zu verdanken, dass sie lebend aus diesen Situationen herauskam.
Als Goebbels den „totalen Krieg" verkündete, wurde die Firma geschlossen. Die Luftwaffe fragte bei Beate an und sie willigte ein. Wusste sie doch, dass die Erfahrungen, die sie sammeln würde, ihr später helfen konnten. 1943 wurde Sohn Klaus geboren, doch das Familienglück währte nur kurz: Ein Jahr später kam Hans-Jürgen Uhse bei einer Flugzeugkollision ums Leben.

Im Frühjahr 1945 war der Krieg so gut wie verloren. Beates Eltern kamen beim Einmarsch der Russen ums Leben, sie selbst und ihren kleinen Sohn verschlug es als Flüchtlinge ins umkämpfte Berlin. Von dort floh sie am 22. April mit der letzten Maschine, die die Stadt verließ. An Bord waren außer ihr und ihrem Sohn die Kinderschwester, ein Bordmonteur und zwei Verwundete. Beate steuerte die kleine Maschine morgens um halb sechs aus dem von den Russen fast völlig eingeschlossenen Berlin nach Pommern. In Barth, einem Örtchen an der Küste, landeten sie, doch der Aufenthalt blieb kurz, denn die Russen kamen näher. Es ging weiter nach Lübeck. Die Stadt war voller Flüchtlinge, also schlug Beate vor, weiter an die Nordseeküste zu fliegen. „Da ist es nicht so voll. Und es gibt einen Flugplatz an der Westküste namens Lick oder Luck oder so ähnlich."
Gemeint war Leck. Dort angekommen ging Beate vom Flugplatz in eine kleines Dorf namens Braderup, wo Mutter und Sohn Obdach fanden. Als Pilotin durfte sie nicht mehr arbeiten, also half sie bei der Landarbeit. Zu jener Zeit kamen hin und wieder Frauen auf sie zu, deren Männer aus dem Krieg zurückgekehrt waren. Wegen der schlechten Versorgungslage waren

diese Frauen nicht sehr erpicht darauf, schnell schwanger zu werden. Beate Uhse erklärte ihnen, wie sie ihre fruchtbaren Tage ausrechnen konnten. Nachdem sie das etliche Male getan hatte, beschloss sie, ein kleines Heftchen zu schreiben, und es vervielfältigen zu lassen. Wenn schon in einem Nest wie Braderup so viel Interesse an diesen Informationen bestand, war der Bedarf, so dachte sie sich, in größeren Städten sicher um einiges höher. Mit dem Fahrrad fuhr sie nach Flensburg und fand eine Druckerei. Für fünf Pfund Butter in Marken erklärte Drucker Schwichtenberg sich bereit, die Broschüre zu drucken, denn „mit Geld geht gar nichts". Man wurde sich einig. Es dauerte vier Wochen, bis Beate die nötige Menge an Marken zusammen hatte. Sie radelte erneut nach Flensburg und nannte ihre Broschüre „Blatt X".

Die Broschüre war der Startschuss für eine beispiellose Karriere. Der Bedarf an Informationen war es nicht allein. Beate Uhse begann nach der Währungsreform Produkte wie Bücher oder Kondome anzubieten. 1962 eröffnete sie in Flensburg ihr „Fachgeschäft für Ehehygiene", das im Grunde der erste Sexshop weltweit war. Es war nicht immer leicht. Unzählige Male wurde sie wegen „Beihilfe zur Unzucht" angezeigt, doch der Betrieb florierte. Nicht jeder Flensburger fand das gut. Als Beate Uhse in den damals einzigen Flensburger Tennisklub eintreten wollte, verweigerte man ihr die Aufnahme. Sie war inzwischen aber so erfolgreich, dass sie sich eben einen eigenen Tennisplatz bauen ließ.

Beate Uhse war eine unfassbar starke Frau. Sie überstand den Gegenwind in den prüden 50er- und 60er-Jahren ebenso wie den Tod ihres Sohnes, private Probleme und sogar Magenkrebs. Sie kaufte sich ein eigenes Flugzeug und machte mit 75 Jahren ihren Tauchschein auf den Malediven, weil sie sich

sagte: „Beate, wenn du noch die Unterwasserwelt kennenlernen willst, musst du langsam in die Hufe kommen."
Was sie aber ganz besonders auszeichnete, war ihre freundliche, bodenständige Art. Sie war eine großzügige Frau und sprach mit jedermann auf Augenhöhe. Als Chefin wurde sie respektiert und geachtet. Für Kinder aus Tschernobyl organisierte sie Rundflüge, und Lehrlinge aus ihrer Firma, die die Prüfung bestanden, bekamen von ihr den Führerschein bezahlt. Nach wie vor ist sie in Flensburg unglaublich beliebt. Ja, Beate Uhse hatte sicher neben allen Schwierigkeiten auch so manchen Glücksmoment in ihrem Leben. Flensburg darf sich glücklich schätzen, dass diese großartige Frau die Stadt mitgeprägt hat.

12

DEN SCHALK IM NACKEN

Es bedeutet großes Glück, wenn man seinen Lebensunterhalt mit dem bestreiten kann, was man am liebsten tut. Wenn das Hobby zum Beruf wird. Kim Schmidt aus Güllerup hatte dieses Glück und er übt seine Tätigkeit nach wie vor mit viel Leidenschaft und Liebe zum Detail aus.

Den meisten Lesern wird der Name Kim Schmidt nicht unbekannt sein. Er ist der Erfinder von „Öde" und den „Local Heroes", bekannt aus dem Wochenblatt „Moin-Moin" und dem Flensburger Tageblatt. Bis es aber dazu kam, dass seine vor Witz sprühenden Comiczeichnungen abgedruckt und damit der Öffentlichkeit zugänglich gemacht wurden, war es ein längerer Weg. Schon in der Schule zeichnete Kim viel. Wenn ihm langweilig wurde, verschönerte er seine Schulhefte mit kleinen Männchen.

Es machte ihm Spaß und irgendwie hatte er das drauf. Er teilte sich dieses Hobby mit seinem Freund Jens Junge, also zeichneten sie auch häufig gemeinsam in ihrer Freizeit. Es verblüffte beide Jungen selbst, wie gut ihre Zeichnungen wurden. Ihr Talent bemerkten schließlich auch andere und so fanden einige Zeichnungen einen Platz in der Zeitung des Sportvereins und im Gemeindeblatt.

Diese ersten Erfolge beflügelten Kim, ließen ihn davon träumen, irgendwann ein „richtiger" Comiczeichner zu werden. Einer, der davon leben konnte. Doch bis es so weit war, sich

darüber ernste Gedanken zu machen, genoss Kim Schmidt seine Jugend und das Leben an der Flensburger Küste. Donnerstagabends feierte man im „Roxy" in der Norderstraße, ansonsten traf man sich auf der Hafenostseite im „Grisou".
Durch einen Redakteur, der in der Nachbarschaft wohnte, bekamen Kim und Jens 1983 die Chance, für die „Moin-Moin" Comics mit Lokalkolorit anzufertigen. Zu der Zeit drückten die zwei noch die Schulbank. Sie wechselten sich fortan darin ab, wöchentlich geeignete Zeichnungen zu fertigen, bis Jens zwei Jahre später nach Bonn umzog und Kim allein weitermachte. Und so knatterte der Blondschopf – meist auf den letzten Drücker – mit seinem betagten Motorrad in Flensburgs Norden. Im Gebäude einer ehemaligen Fischfabrik lieferte er die neuesten Öde-Comicstrips beim zuständigen Redakteur ab.

Für den jungen Zeichner mit dem unbekümmerten Grinsen waren diese Momente oft mit einem gewissen Herzklopfen verbunden, denn seine Feder konnte recht spitz sein und bohrte sich gern in die eine oder andere Wunde. Soll heißen, Kim nahm nicht nur die Lokalpolitik aufs Korn, er sorgte mit seinen gezeichneten Anspielungen sogar hin und wieder für ziemliche Aufregung. Die Rockerband „Unicorns" beispielsweise war über einen Strip so empört, dass sie im Rudel in der Redaktion auftauchte und eine öffentliche Entschuldigung verlangte. Vom Dänischen Generalkonsulat kam ebenfalls eine Missbilligung. Die Darstellung von Königin Margarethe II. käme einer Majestätsbeleidigung gleich, hieß es von dort.
Aber nicht nur Motorradgangs und Adlige bekamen von Öde ihr Fett weg. Ob Promis, globale Geschehnisse oder lokale Entscheidungen, nichts und niemand wurde ausgelassen. Der falsche Arzt Dr. Dr. Bartholdy wurde auf witzige Art thematisiert, die Tschernobyl-Katastrophe durfte nicht fehlen, ebenso wie

die umstrittene Volkszählung, der Hertie-Brand, der Fall der Mauer, verschiedene Stadtfeste oder die Flensburger Finanzlage. Öde war überall dabei und gab seinen Senf dazu. So brisant Kim Schmidts Comics auch ausfielen, nie wurden sie von der Redaktion abgelehnt. Öde war Kult, und obendrein gibt es bei uns ja glücklicherweise so was wie Meinungs- und Satirefreiheit.

Nach dem Abitur wurde es für Kim schließlich Zeit, über die Zukunft nachzugrübeln. Am liebsten wäre er nach wie vor Comiczeichner geworden, doch in den 1980er-Jahren wurde diese Tätigkeit nicht so recht für voll genommen. „Lustige Bilder malen – das ist doch kein ordentlicher Beruf", das war die durchgängige Meinung. Es sei denn, man hieß Uderzo und zeichnete lustige Gallier, die mit Inbrunst Römer verkloppten. (Nebenbei bemerkt: Die Asterix-Hefte sind für Kim Schmidt bis heute eine ergiebige Inspirationsquelle.)
So beliebt seine Comicstrips auch waren, sie boten dem Künstler jedoch keinerlei finanzielle Sicherheit. Aber ein Bürojob im Angestelltenverhältnis kam für ihn nicht infrage. Dafür war er nicht der Typ. Also suchte er nach einer Alternative und erlernte zunächst den Beruf des Krankenpflegers. Die Ausbildung in der Diako gefiel Kim gut und das was er tat, empfand er zu Recht als wichtig und sinnvoll.
Trotzdem beschloss er, diesen Weg nicht weiter zu verfolgen, sondern zu studieren und Lehrer zu werden. Während des Studiums nahm seine Karriere als Comiczeichner langsam Fahrt auf. Inzwischen hatte auch das Flensburger Tageblatt Kims Qualitäten entdeckt und veröffentlichte wöchentlich seine Local Heroes, witzige tierische Helden, die ihren ganz eigenen Blick auf Land und Leute werfen. Darüber hinaus zeichnete Kim weiterhin die Öde-Comics, gestaltete Geburtstagskarten und

Werbeanzeigen. Es trudelten mehr und mehr Aufträge herein. Trotzdem musste Kim zwischendurch mit Nebenjobs das Konto auffüllen. Immer wieder schob er deshalb Nachtschichten in der Diako.

Schließlich aber saß er so oft mit dem Zeichenstift am Schreibtisch, dass er eine Entscheidung treffen musste: das Studium weiterführen oder sich ganz auf Comics konzentrieren. Obwohl er dabei war, eine Familie zu gründen, entschied sich Kim Schmidt dafür, das Risiko einzugehen und brach das Studium ab. Als er irgendwann die Nachtschichten weglassen konnte, weil er auch ohne sie gut klarkam, war die Erleichterung groß. Er hatte es geschafft, seine Berufung – das Comiczeichnen – zum Beruf zu machen, seinen Lebensunterhalt mit dem zu verdienen, was ihm Spaß machte. Die Jahre des Zweifelns, Grübelns und Jobbens waren endgültig vorbei.

Kim Schmidt war mit Anfang dreißig dort angekommen, wo er schon als Junge hingewollt hatte. Zu jener Zeit erlebte er einen Moment des ganz bewussten Glücks. Im Garten seines Hauses in Güllerup genoss er eines späten Nachmittags die Sonnenstrahlen, beobachtete in der Luft tanzende Schmetterlinge, lauschte dem Vogelgezwitscher aus den umliegenden Bäumen und ihm wurde plötzlich klar, wie gut es ihm ging. Ein schönes Heim, eine wunderbare Familie, ein Beruf, den er nicht nur auslebte, sondern liebte. Mit dem er anderen ein breites Lächeln ins Gesicht zaubern konnte. Die Entscheidung, die er einige Jahre zuvor getroffen hatte, war goldrichtig gewesen. Sie hatte ihm ein Leben beschert, das man als „glücklich" bezeichnen kann.

Während ihm diese Gedanken durch den Kopf gingen, hätte ein scharfer Beobachter das oben genannte breite Grinsen auf dem Gesicht von Kim Schmidt sehen können, denn in diesem einzigartigen Augenblick war er mit sich und seinem Schicksal absolut im Reinen. Natürlich spielte nicht nur das Schicksal eine Rolle bei seinem Erfolg. Ein Hund kann auch nicht auf nur einem Bein stehen. Die drei anderen Beine hießen in diesem Fall Fleiß, Ehrgeiz und Sinn für Humor. Kim zeichnete in den folgenden Jahren, dass der Stift nur so glühte.

Er entwarf die Cover für die „??? Kids" und präsentierte um 1997 herum einen ÖDE-Comicband: „Öde on the Road".

Dabei gelang ihm ein Zufallstreffer. Für das Projekt zeichnete Kim eine Karte von Schleswig-Holstein, die anders war als alle anderen vor ihr. Sie erhielt den Titel „Hedwig-Holzbein-Karte" und verballhornte auch die kleinsten Ortschaften. Man konnte darauf Ortsnamen wie Kleckernförde, Husumpf oder Grabbeln entdecken, die Kieler Bucht wurde zur Killer Bucht und so weiter.

Die allgemeine Begeisterung sorgte dafür, dass Kim Schmidt die Idee seines Freundes Lutz, aus der kleinen Karte ein Poster zu machen, umsetzte. Wer das „Öde on the Road"-Buch kaufte, sollte das Poster gratis dazubekommen.

Bald waren die Nachfragen nach der Hedwig-Holzbein-Karte größer als die nach dem Buch. Also wurde die Karte im großen Stil verkauft. Kim Schmidt ist sich heute sicher, dass „Hedwig Holzbein" an sehr vielen Klotüren in Norddeutschland zu sehen ist.
Mittlerweile hat Kim seinen eigenen Verlag (Flying Kiwi Media GmbH), in dem er neben weiteren Landkarten im Hedwig-Holzbein-Stil seine diversen Öde-Bände - darunter der 450-Seiten starke Sammelband „Das war ÖDE", mit allen Zeichnungen aus der Moin-Moin-Zeit – und Local-Heroes-Bücher sowie Werke anderer Zeichner und Autoren vertreibt. Auch ein Wimmelbild von Flensburg – das Lockdown-Projekt des Künstlers – ist hier erhältlich. Bekannte Gebäude und Figuren und jede Menge witziger Details lohnen eine sehr genaue Betrachtung.
Im Moment arbeitet Kim Schmidt am zweiten Teil eines Comicbands namens „Gorm Grimm". Darin geht es um einen Wikinger, der „groß, stark und hungrig" ist. Die Geschichten sind von Patrick Wirbeleit, die Zeichnungen und Gags aber stammen von Kim Schmidt, der wie gewohnt für erheblichen Schmunzelfaktor sorgt. Natürlich ist es schön, wenn die Arbeit Spaß macht, doch ab und zu muss es auch mal etwas anderes sein. Zum Ausgleich macht Kim gern Yoga, fährt Fahrrad, arbeitet im Garten oder schwingt die Axt beim Holzhacken.
Musik ist eine weitere Leidenschaft des Zeichners. So drehte Kim zum Spaß mithilfe seines Sohnes Musikvideos, in denen die norddeutsche Mentalität gewohnt humorvoll auf die Schippe genommen wird.
Ja, der Schalk sitzt Kim Schmidt weiterhin im Nacken. Hoffentlich bleibt er ihm noch sehr lange erhalten.

13

EIN GLÜCKSGRIFF FÜR DEN RING

Der Ort Handewitt, wenige Kilometer von Flensburg entfernt, ist jedem Handballfan ein Begriff. Nur wenige wissen aber, dass die dort befindliche Wikinghalle nicht nur die Keimzelle für den Erfolg der SG Flensburg-Handewitt war. Auch Wladimir Klitschko, der weltberühmte Schwergewichts-Champion und mehrfache Boxweltmeister, hat hier seine Karriere begonnen. Das geschah Mitte der Neunzigerjahre und Auslöser war eine Beinverletzung von Wladimirs Bruder Vitali. Aber von Anfang an:

Ende der Achtziger- und zu Beginn der Neunzigerjahre wurde in Flensburg viel und erfolgreich geboxt. Insbesondere der Club Sparta Flensburg konnte zahlreiche Siege verbuchen. Im Mai 1995 reiste der Vorsitzende des Vereins, Norbert Zewuhn, mit einem Sponsor nach Berlin, um einen Schwergewichtsboxer für die Flensburger Bundesligamannschaft zu finden. Schon bald entdeckten sie ein vielversprechendes Talent. Der junge Ukrainer hieß Vitali Klitschko. Mit ihm sowie einigen Vertretern des ukrainischen Boxsportverbands traf man sich zu einem Abendessen und einigte sich bald. Vitali Klitschko unterschrieb einen Zwei-Jahres-Vertrag und trat bereits im August 1995 in einem Vorbereitungskampf für Flensburg an. Dieser erste Kampf von Vitali Klitschko für Sparta war jedoch – was zu dem Zeitpunkt niemand ahnte – gleichzeitig sein letzter. Eine alte

Beinverletzung machte ihm zu schaffen, daher reiste er zur Behandlung in die Ukraine zurück. Der dortige Arzt verschrieb ihm ein Medikament, das auf der Doping-Liste stand. Im September 1995 wurde es bei Vitali Klitschko nachgewiesen, was eine Sperre des Boxers nach sich zog.

Nun war man in Flensburg gezwungen, rasch zu handeln. Ein Ersatz musste her, aber woher nehmen? Die Verantwortlichen begannen sich umzuhören, und der Sparta-Boxtrainer Andrej Sliwinski erfuhr so von einem jungen Mann – ebenfalls Ukrainer, wie der gesperrte Vitali –, der in der polnischen Boxliga für Aufsehen gesorgt hatte. Es hieß, dieser Boxer sei nicht an einen bestimmten Vertrag gebunden und durchaus bereit, nach Deutschland zu kommen.

„Und wie heißt er?", wollte der neugierig gewordene Sliwinski wissen.

„Wladimir Klitschko", lautete die überraschende Antwort. Sliwinski staunte. Bis dahin hatte niemand in der Flensburger Boxszene gewusst, dass Vitali einen Bruder hatte, der ebenfalls boxte. Man nahm Kontakt auf und wurde sich rasch einig. Schon im Oktober 1995 holte Norbert Zewuhn den erst 19-jährigen Wladimir Klitschko am Hamburger Flughafen ab. Ihn zu erkennen war keine Kunst: Die Ähnlichkeit mit Vitali war verblüffend. Das gleiche kantige Gesicht, derselbe Körperbau. Wladimir entpuppte sich als eine jüngere Ausgabe seines Bruders.

Mit dem neuen Boxtalent auf dem Beifahrersitz brauste Zewuhn über die A7 nach Flensburg. Gern hätte er sich mit Wladimir unterhalten, aber das gestaltete sich schwierig, denn der junge Ukrainer sprach weder Deutsch noch Englisch. Die einzigen Wörter, die er kannte, lauteten „Bitte" und „Danke". Zewuhns Russischkenntnisse waren ebenfalls nicht der Rede wert und so verliefen seine mühsamen Versuche, ein Gespräch in Gang zu bringen, schnell im Sande. Den größten Teil der Fahrt verbrachten die zwei daher schweigend. Wladimir Klitschko berichtete später von seiner Anfangszeit in Deutschland: „Dies war das erste Mal, dass ich aus dem Schatten meines Bruders trat. Ich begann ein neues Leben in einem fremden Land, dessen Sprache ich nicht beherrschte. Flensburg war für mich ein großes Abenteuer. Aber die Menschen waren sehr herzlich, haben mich großartig aufgenommen, und über den Sport fand ich schnell Anschluss."

Doch der Start begann holprig. Schon zum ersten Training kam Wladimir fünf Minuten zu spät. „Die Scheiße geht ja gut los", schoss es seinem neuen Trainer, Andrej Sliwinski, durch den Kopf. Es stellte sich jedoch heraus, dass die Verspätung nicht Wladimirs Schuld war. Ein Trainingspartner hatte die Zeit verbummelt. Von diesem Tag abgesehen erschien Wladimir stets als Erster beim Training und das gut gelaunt. Trainer Sliwinski gefiel der Neuzugang zunehmend. „Er hat eine bessere Technik als sein Bruder", konstatierte er bald und merkte auch, dass Wladimir über eine sehr schnelle Auffassungsgabe verfügte.
Schon damals wurde deutlich, was Wladimir von den anderen Boxern im Club unterschied. Während diese erst kurz vor Trainingsbeginn in der Halle auftauchten, trainierten, ein bisschen schnackten und wieder verschwanden, kam Wladimir sehr viel früher, wärmte sich auf, machte ein Stretchingprogramm und war der Letzte, der die Halle verließ.
„Er wusste, was er wollte, und was er dafür tun musste. Solche Sportler sind es, die es bis an die Spitze schaffen", ist sich Sliwinski heute sicher. Damals ahnte er allerdings nicht, dass er einen zukünftigen Weltstar trainierte.
Bei Wladimir Klitschkos erstem Kampf für den BC Flensburg wurde den Verantwortlichen aber sehr schnell klar, was für eine

Perle sie verpflichtet hatten. Und das obwohl ihr Schützling unmittelbar vor dem Kampf alles andere als Selbstvertrauen verströmte. Im Gegenteil: In der Kabine war er ein Nervenbündel, rannte immer wieder zur Toilette, kam kreidebleich zurück und war den Tränen nahe. Dabei war diese Angst gar nicht nötig, ist sich sein Trainer sicher. „Man hätte ihm die Schlaghand auf dem Rücken festbinden können und er hätte noch gewonnen."

Schon der erste Kampf gegen Timo Hoffmann zeigte deutlich, dass Sliwinski und Zewuhn einen Glücksgriff getätigt hatten. Nach nur 38 Sekunden gewann Wladimir den Kampf durch K.O. „Da ist unsere Brust vor Stolz richtig angeschwollen", erinnerte sich Zewuhn mit einem seligen Lächeln.

Bei Wladimirs zweitem Bundesligakampf erschien ein Spion in der Halle, der das junge Talent kennenlernen wollte. Fritz Sdunek, so sein Name, kam zu Zewuhn und fragte, ob es okay sei, wenn er sich mal mit Wladimir unterhalten würde. Zewuhn stimmte nach kurzem Überlegen zu. Da Klitschko ja kein Deutsch sprach, wähnte er sich auf der sicheren Seite. Ein fataler Irrtum! „Ich wusste nicht, dass Sdunek Russisch sprach", ärgerte er sich später. „Wahrscheinlich hat er damals schon Wladimirs Wechsel zu Universum eingetütet."

So phänomenal wie Wladimir begonnen hatte, ging es zunächst weiter. Zehn Kämpfe, zehn Siege. Neun davon durch K.O. Er war allen anderen Boxern technisch einfach überlegen. Wladimir, die Naturgewalt. Sein Trainer vermutete: „Weil er zu große Angst hatte, selbst K. O. zu gehen, schlug er seine Gegner so schnell wie möglich zu Boden." Die bange Nervosität, ehe es in den Ring ging, verschwand trotz aller Erfolge nicht. Vor jedem Kampf ging der junge Ukrainer durch eine Lampenfieberhölle. Der Blick in die Kabine, der inzwischen fester Bestandteil jeder Box-

Show im Fernsehen ist, wäre damals undenkbar gewesen. Klitschkos Trainer: „Der Krieg fand bei Wladimir im Kopf statt, nicht im Ring."
Im Sommer 1996 ging es für den talentierten Jungboxer nach Atlanta zur Olympiade. Von dort kehrte er im August mit der Goldmedaille zurück. Zewuhn und Sliwinski ahnten nun, dass sie Klitschko trotz des noch laufenden Vertrags nicht länger würden halten können. Erwartungsgemäß flatterte ein Angebot des Hamburger Universum-Profistalls herein. Die Ablöse war aus heutiger Zeit ein Witz: Zwei Eintrittskarten für den ersten Profikampf der beiden Klitschkos. Norbert Zewuhn: „Mehr gab es nicht, das war damals so." Und so saß er am 16. November 1996 auf der Tribüne der Wandsbeker Sporthalle und erlebte hautnah mit, wie sein ehemaliger Schützling und dessen älterer Bruder ihre erfolgreiche Profikarriere starteten.

Ein Jahr nachdem er seine Boxhandschuhe an den Nagel gehängt hatte, erinnerte sich Wladimir Klitschko an seine norddeutschen Wurzeln und besuchte im April 2018 die Fördestadt, in der 23 Jahre zuvor alles begonnen hatte. Bei dieser Gelegenheit trug er sich in das Goldene Buch von Flensburg ein und feierte ein Wiedersehen mit seinen damaligen Wegbegleitern Zewuhn und Sliwinski. Im Eingangsbereich des Rathauses, wo er auch von Oberbürgermeisterin Simone Lange und Stadtpräsidentin Swetlana Krätzschmar begrüßt wurde, warteten zahlreiche Fans auf die Gelegenheit, den Ausnahmesportler zu sehen. Sie wurden belohnt. Das „Moin Moin!" ging dem mehrfachen Weltmeister leicht über die Lippen. Geduldig gab er Autogramme, stand für Selfies zur Verfügung, signierte Boxhandschuhe und unterschrieb sogar auf der Jacke eines sichtlich stolzen Paketboten. „Die wäscht er bestimmt nie wieder", lautete ein amüsierter Zuschauerkommentar.

Auch für ein privates Gespräch mit seinem ehemaligen Trainer und dem damaligen Vereinsvorsitzenden Norbert Zewuhn nahm sich Wladimir Klitschko gern Zeit und freute sich sichtlich über das Wiedersehen. Gemeinsam schwelgten sie in Erinnerungen. „Wir erkannten schon damals, dass du kein Durchschnittssportler warst", versicherte ihm Sliwinski und fügte hinzu, dass man sich als Trainer nichts Größeres wünschen könne, als einen Sportler seines Formats zu trainieren. Die Zeit in Flensburg sei eine perfekte Vorübung für die olympischen Spiele 1996 gewesen, meinte „Dr. Steelhammer", und dass er damals ja eigentlich nur als Ersatzmann für seinen Bruder verpflichtet worden sei.

„Im Grunde sollte Vitali heute hier sein, nicht ich", meinte er, fügte jedoch hinzu, dass er für den Zufall, der ihn hierherführte, sehr dankbar sei. „Ohne Flensburg", so versicherte er überzeugt, „wäre ich nicht Olympiasieger geworden."

14

EIN BRIEF FÜR HANNELORE

„Heute Nachmittag kommen die Briefmöwen und das Fernsehen zu uns." Als dieser aufgeregt hervorgebrachte Satz die noch gut funktionierenden Ohren von Hannelore Schneider erreichte, konnte sie mit dem Inhalt nichts anfangen. Sie lebte erst seit wenigen Tagen in der Schlosssee-Residenz in Glücksburg, gewöhnte sich allmählich ein. Alles hier war so neu für sie. Aber sie hatte sich schon immer zu helfen gewusst, und so hob sie nach Aufmerksamkeit heischend den rechten Arm, als eine Angestellte zufällig in ihre Richtung sah. Lächelnd kam diese der stummen Aufforderung nach und strebte auf Hannelore zu.

Sie saß in ihrem Rollstuhl am Fenster, weil sie so gern nach draußen schaute. Ins Grüne. Heute war ein schöner, sonniger Frühlingstag. In ihren jungen Jahren hatte sie solche Tage am liebsten am Strand verbracht. In Solitüde oder Glücksburg. Zunächst mit ihren Freundinnen, später mit ihrem Liebsten, dann mit ihrem Mann und den Kindern und zuletzt mit ihren Enkeln. Nun waren diese Zeiten vorbei, denn mit einem Rollstuhl durch den Strandsand – das war für niemanden ein Vergnügen. Er war auch der Hauptgrund dafür, dass Hannelore nun hier lebte. Ihre alte Wohnung im ersten Stock war nicht behindertengerecht gewesen, und ihre Tochter hatte mit ihrer Arbeit und ihrer Familie zu viel um die Ohren, als dass sie sich außerdem um ihre alte Mutter kümmern konnte. Nun fiel Hannelore ihrer Tochter nicht mehr zur Last und war froh darüber.

„Ja?", fragte die Angestellte, die inzwischen vor Hannelore stand, „Sie haben eine Frage?"
Die Dame sah nett aus, ihre Augen lächelten mit, als sich ihre Mundwinkel hoben. Ihr dunkles Haar mit dem leichten Rotstich trug sie schulterlang. Es glänzte wie eine Kastanie.
„Wer oder was sind Briefmöwen?", fragte Hannelore, die gerne schnell zum Punkt kam, „und wieso taucht das Fernsehen hier auf?"
„Oh, da muss ich ein bisschen ausholen", sagte die Dame. Sie trug ein Namensschild, auf dem „Simone" stand. „Ich hole mir einen Stuhl, ja?"
Hannelore machte eine auffordernde Handbewegung. „Tun Sie das."
Simone wandte sich um, zog einen Stuhl von dem am nächsten stehenden Tisch weg und setzte sich neben Hannelore. „Wie heißen Sie?", fragte sie.
„Hannelore Schneider. Ich bin neu hier."
„Das dachte ich mir, da wir uns noch nicht kennen. Ich bin Simone." Sie schlug die Beine übereinander. „Also, die Briefmöwen sind ein paar Studenten, die älteren Leuten eine Freude machen wollen."
„Ach ja?" Hannelore war überrascht. Das klang ganz gut, davon wollte sie mehr wissen. „Und wie machen sie das?"
„Sie verteilen Briefe."
Hannelore runzelte die Stirn. „Was denn für Briefe?"
Simone verschränkte die Hände im Schoß. „Angefangen hat alles damit, dass die jungen Leute für ihr Studium ein Projekt ins Leben rufen sollten. Die Aufgabe lautete, einer Gruppe von Menschen zu helfen, die durch Corona besonders beeinträchtigt wurden."
„Na, da gab es ja wohl einige", meinte Hannelore.
Simone nickte. „Völlig richtig. Die Studenten haben sich aber

für ältere Menschen entschieden, die während der Pandemie keine Besuche erhalten durften und dadurch noch einsamer waren als sonst. Die Briefmöwen starteten also einen Aufruf -"

„Und wie das?", unterbrach Hannelore neugierig. „Übers Radio?" Wenn ja, hatte sie das wohl verpasst, obwohl sie viel Radio hörte.

„Auch. Aber hauptsächlich nutzten sie die sozialen Medien. Also Facebook, Instagram und so weiter."

„Also, damit kenn ich mich nicht aus", meinte Hannelore abwehrend, „dieser ganze neumodische Kram ..."

„Ich weiß." Simone lächelte. „Aber die jungen Leute wissen genau, wie das geht. Und sie erreichen damit sehr viele Menschen. Also haben sie in ihrem Aufruf darum gebeten, Briefe zu schreiben und ihnen diese zuzusenden."

„Was denn für Briefe?", fragte Hannelore ein weiteres Mal, weil sie sich noch immer nicht genau vorstellen konnte, was in diesen Briefen stand.

„Oh, das konnte alles Mögliche sein", erläuterte Simone. „Die Absender erzählen von sich und ihrem Leben, schreiben Geschichten oder Gedichte, malen Bilder ... Sie wissen nur nicht, wer ihre Post bekommt."

Hannelore schwieg nachdenklich. Fremde schrieben Briefe für Fremde. Was für eine verrückte Idee! Aber ungewöhnliche Zeiten, das wusste sie aus Erfahrung, sorgten für ungewöhnliche Maßnahmen.

„Wenn nachher das Fernsehteam kommt", unterbrach Simone Hannelores Gedanken, „sollen ein paar Bewohner dabei sein, die vor der Kamera einen Brief erhalten. Möchten Sie mitmachen? Noch ist ein Platz frei."

Hannelore überlegte. Früher hatte sie gern Briefe geschrieben, und noch lieber welche bekommen. Die Post, die sie inzwischen erhielt, war stets unpersönlich und behördlich.

Abgesehen von den Weihnachts- und Geburtstagskarten, die sie von alten Freunden und weiter entfernt lebenden Verwandten bekam. Und die wurden von Jahr zu Jahr weniger. Es wäre gewiss eine Abwechslung, Post von einer unbekannten Person zu erhalten. Und schüchtern war Hannelore nicht gerade.
„Das wäre mein allererster Fernsehauftritt", gab sie kichernd zu und nickte. „Ja, ich bin gern dabei."
Simone legte ihre Rechte auf Hannelores Hand, die auf der Lehne des Rollstuhls ruhte. „Fein! Ich sage Ihnen rechtzeitig Bescheid, bevor es losgeht." Sie machte Anstalten aufzustehen.
„Eine Frage habe ich noch", hielt Hannelore sie zurück. Simone blieb sitzen und beugte sich interessiert vor. „Ja?"
„Wie kam das denn an bei den älteren Leuten?", wollte sie wissen. „Ich meine, mussten die auf die Briefe antworten? Haben sie sich über die Nachrichten gefreut?"
„Aber ja!" Simone strahlte. „Und wie sie sich gefreut haben. So viel ich weiß, ist die eine oder andere nette Brieffreundschaft daraus entstanden. Herr Petersen zum Beispiel bekommt inzwischen regelmäßig Briefe aus Berlin, von einer Witwe, die in einem Kinderheim arbeitet. Und Frau Sörensen schreibt einem jungen Mädchen aus Plön, das ihr von vielen Problemen mit den Eltern erzählt. Frau Sörensen versucht ihr ein bisschen zu helfen. Übrigens muss niemand auf die erhaltenen Briefe antworten. Das ist vollkommen freiwillig. Doch wissen Sie, was das Schönste ist?"
Hannelore schüttelte den Kopf.
„Dieses Projekt, mit dem alles angefangen hat, ist längst zu Ende. Aber die jungen Leute machen trotzdem weiter, weil die Idee so unglaublich gut angekommen ist, und sie weiterhin Briefe erhalten, die verteilt werden wollen. Und solange Post kommt, wird sie auch zugestellt."
„Das heißt, diese Studenten opfern ihre freie Zeit dafür?"

„Eine Menge davon." Simone nickte nachdrücklich. „Ich weiß das genau, denn ich kenne eine der Briefmöwen-Studentinnen privat sehr gut. Sie machen Aktionen, um die Leute zum Briefeschreiben zu bewegen, zeigen alles, was sie auf die Beine stellen, im Internet, und bringen so mehr und mehr Menschen dazu, mitzumachen. Inzwischen kommen Briefe aus dem ganzen Land. Geplant war die Sache eigentlich nur für hier oben, für Flensburg und Umgebung. Weshalb sie sich ja auch die ‚Briefmöwen' nennen. Aber durch die Reichweite des Internets erfuhren Menschen aus ganz Deutschland von der Sache."

„Dann hat dieses Internet also doch seine guten Seiten", stellte Hannelore erstaunt fest. Bisher hatte sie nicht viel davon gehalten, wie sie zugeben musste.

„Wenn es nicht so wäre, gäbe es vielleicht gar kein Internet mehr", meinte Simone und zwinkerte Hannelore vergnügt zu. Dann stand sie auf. „Wir sehen uns später. Wenn Sie möchten, hole ich Sie ab."

„Ja. Danke." Hannelore lächelte. „Ich freu mich drauf."

Und das tat sie wirklich. Was für eine tolle Sache, diese Briefmöwen, dachte sie, und war sehr gespannt, was für einen Brief sie bekommen würde.

Hannelore kämmte sich gerade das silberfarbene Haar, als es an der Tür zu ihrem Appartement klopfte. Simone hatte Wort gehalten. Rasch legte Hannelore die Bürste auf die Ablage, zupfte ihre Bluse zurecht und rollte zur Tür.

„Es geht los", sagte Simone lächelnd. „Sind Sie so weit?"

„Bin ich", erwiderte Hannelore. „Dann wollen wir mal."

In dem Raum, in dem die Aufnahmen gemacht werden sollten, tummelten sich einige Leute mit ganz viel Technik. Anweisungen wurden gegeben, große Lampen zurechtgedreht, Mikrofone aufgestellt.

„Mannohmann, hier ist ja was los", murmelte Hannelore.

Sie entdeckte fünf junge Leute in weißen T-Shirts, die auf Stühlen nebeneinandersaßen und sich leise unterhielten.
„Sind das diese Briefmöwen?", fragte sie mit gesenkter Stimme.
„Ja", bestätigte Simone. „Das sind Finnja, Lena, Tom, Johannes und Anna." Sie schob den Rollstuhl in die andere Richtung, wo vier weitere Bewohner der Schlossresidenz, zwei Frauen und zwei Männer, darauf warteten, vor der Kamera Post zu erhalten.
Hannelore beobachtete, wie ein junger, ernst wirkender Mann mit Brille sich mit den Briefmöwen unterhielt. Diese griffen in einen bereitstehenden Karton und fischten bunte Briefumschläge heraus.
„So, jetzt hier hinstellen", ordnete der Brillenträger an. „Auf mein Zeichen geht ihr zu den Leuten hinüber und übergebt ihnen einen Brief."
Licht und Ton wurden ein letztes Mal überprüft, dann rief der Brillenträger „Und – bitte!"
Die Studenten in ihren weißen T-Shirts näherten sich mit den Umschlägen Hannelore und den anderen Bewohnern.
Die Frau neben Hannelore bekam einen langen Brief, drei Seiten hatte die Absenderin geschrieben. „Die hat sich aber wirklich Mühe gegeben", zeigt sich die Empfängerin beeindruckt und fügte hinzu, dass sie selbstverständlich antworten werde.
Der Mann ganz außen bekam ein Schreiben von einem kleinen Mädchen, das das Schreiben gerade lernte. Er zeigte den mit großen, ungelenk gemalten Buchstaben gefüllten Zettel in die Runde und freute sich sichtlich. Schließlich blieb eines der Mädchen vor Hannelore stehen. Lange blonde Haare, unter dem Pony ein freundliches, hübsches Gesicht. „Suchen Sie sich einen Brief aus", bat das Mädchen.
Hannelores Blick fiel auf die fächerförmig ausgebreiteten

Umschläge in ihren Händen. Spontan ergriff sie einen hellblauen und zog ihn aus dem Fächer heraus.
Die Kamera war direkt auf sie gerichtet, als sie den Briefumschlag vorsichtig öffnete. Er war von einem Mann namens Vincent, der in Kiel lebte. „Ich bin Handballfan, spiele leidenschaftlich gern Schach und schreibe Gedichte", las Hannelore vor und hob den Kopf. „Da steht gleich ein Gedicht. Soll ich das auch vorlesen?"
„Sehr gerne", sagte das Mädchen mit der Ponyfrisur. Hannelore holte tief Luft und begann:

Einsamkeit zieht durch das Land,
stoppt gerne bei den Alten.
Das Mitgefühl und der Verstand,
sie sollen nicht erkalten

Möwen bringen daher Post,
zaubern Lächeln in Gesichter.
Wenn es auch etwas Mühe kost',
die Briefe sind wie kleine Lichter.

Hannelore faltete das Schreiben langsam zusammen. Was für ein reizendes Gedicht!
Die Briefmöwen und die anderen Heimbewohner klatschten leise und nickten anerkennend.
„Wirklich schön", sagte Hannelore und bemerkte, dass ihre Stimme rau klang. Früher hatte sie selbst gern gedichtet. Vielleicht könnte sie wieder damit beginnen.
„Werden Sie dem Herrn antworten?", fragte jemand.
Sie sah auf und räusperte sich. „Natürlich", sagte sie. „Noch heute werde ich das tun." Dann fügte sie mit einem schelmischen Lächeln hinzu. „Ich spiele nämlich auch gern Schach."

15

PUNSCH & GRÜNKOHL IM AUGUST

Wohl jeder Mensch hat ein Gericht, das er besonders liebt. Die Mahlzeit, bei der einem schon das Wasser im Munde zusammenläuft und die Augen zu leuchten beginnen, wenn man nur daran denkt. Bei Jörg Christiansen, Malermeister aus Flensburg, heißt dieses Gericht Grünkohl. Das typische Wintergemüse genießt er am liebsten mit deftigen Bratkartoffeln, Kochwurst, Kasseler und Schweinebacke, am besten noch mit Senfgurken dazu. Seine Leidenschaft für diese norddeutsche Mahlzeit war auch seinem Stammtisch, einer Gruppe viriler Flensburger im besten Alter, seit langer Zeit bekannt.

Als im Frühling des Jahres 2000 Jörgs vierzigster Geburtstag näherrückte, überlegten alle, womit sie ihm eine Freude machen konnten. „Er liebt doch Grünkohl", erinnerte einer der Stammtischbrüder seine Freunde, und nach einigem Hin und Her einigte man sich darauf, das Geburtstagskind mit 40 Dosen Grünkohl zu erfreuen, für jedes Lebensjahr eine Dose.
Ende Mai war es dann so weit: Das ungewöhnliche Präsent wurde überreicht und die Überraschung konnte als gelungen bezeichnet werden. Jörg war baff. Aber nicht lange. „Ich freue mich", sagte er, die vielen Dosen liebevoll betrachtend, „doch bis zum Winter ist es noch so lange hin." Er überlegte kurz, dann hatte er eine Idee, die weitreichende Folgen haben sollte:

„Was haltet ihr davon, wenn wir ihn noch in diesem Sommer gemeinsam essen? Mit allem Drum und Dran." Den Blick auf die riesige Menge Grünkohl gerichtet, fügte er hinzu: „Und damit wir wirklich alles verputzen können, bringt jeder von euch am besten noch einen Gast mit."

Grünkohl im Sommer? Die anderen sahen sich verwundert an. Auf dem einen oder anderen Gesicht breitete sich ein Grinsen aus. Wieso eigentlich nicht? Die Idee erschien ihnen ungewöhnlich - und damit reizvoll. Also stimmten sie begeistert zu. Jörg machte gleich Nägel mit Köpfen. Als Location wurde das Strandhotel in Glücksburg auserwählt, dessen damaliger Direktor Karsten Werner ein Mitglied des Stammtischs war. Er erklärte sich sofort bereit, dieses ungewöhnliche Event zu unterstützen. Und das tat er mit Inbrunst, wie die Stammtischbrüder bei ihrem Eintreffen feststellen konnten. Aus den Lautsprecherboxen des Restaurants ertönte Weihnachtsmusik, die Tische waren mit Tannenzweigen, Kerzen und Christbaumkugeln dekoriert, und die Kellner und Kellnerinnen trugen Weihnachtsmützen. Zum Empfang gab es - optimal zu diesem Anlass - heißen Punsch.

Wäre dieser Augustabend kühl und unwirtlich gewesen, hätte das natürlich ganz gut gepasst. Jeder Flensburger weiß, dass das Wetter im Spätsommer durchaus auch mal herbstlich sein kann. Doch das traf im Jahr 2000 nicht zu, im Gegenteil. Es herrschte eine unfassbare Hitze, die jedem den Schweiß auf die Stirn trieb. Glücksburgs Promenade war mit leicht bekleideten Einheimischen und Urlaubern bevölkert, alle genossen sichtlich die Sonne und den blauen Himmel, das Strandambiente und die glitzernde Ostsee. Die Luft roch nach Seetang, Salz und Sonnenmilch, die Kinder erfrischten sich mit Softeis, die Erwachsenen, mehrheitlich in Shorts und mit Sonnenbrille auf der Nase, mit einem kühlen Bier oder Wein.

Doch dort drüben, beim Strandhotel, ging Merkwürdiges vor sich. Da standen fröhliche Männer mit dampfenden Punschbechern in den Händen, serviert von freundlichen Weihnachtswichteln. Aus den offen stehenden Türen und Fenstern drangen Lieder wie „Last Christmas" oder „Morgen, Kinder, wird's was geben".
Viele Sommergäste blieben verdutzt stehen und wunderten sich. Es wurde getuschelt und gerätselt. „Was ist denn hier los?", fragte ein besonders Neugieriger.
„Weihnachtsfeier", gab Jörg schelmisch zurück. „Hier muss man früh reservieren, wenn man Grünkohl essen will."
Die ihn umringenden Stammtischbrüder brüllten vor Lachen, der wissbegierige Tourist grinste und ging kopfschüttelnd weiter. Bestimmt würde er in seiner Heimat erzählen, dass die Nordlichter ein ausgesprochen seltsames Völkchen seien. Eine Weihnachtsfeier im brütend heißen August. So was Verrücktes!

„Es ist angerichtet!", hieß es schließlich aus dem Restaurant, und alle Stammtischler ließen den Sommer, der draußen herrschte, hinter sich, um bei festlicher Musik und Kerzenlicht Grünkohl zu schlemmen. Der Punsch wurde gegen Bier eingetauscht, das große Schwelgen konnte beginnen. Und es schmeckte herrlich! Jörg und seine Freunde genossen jeden Bissen. Immerhin war das letzte Grünkohlessen viele Monate her.
„Kaum zu glauben, dass Schweinebacke im August so lecker sein kann", meinte einer. Karsten Werner, der die Veranstaltung ja organisiert hatte, berichtete, dass es nicht einfach gewesen sei, im Sommer an Schweinebacke zu kommen. „Dafür gibt es nur im Winter Nachfrage", erläuterte er.
„Und trotzdem hast du es geschafft", konstatierte Jörg zufrieden und schob sich einige knusprige Bratkartoffeln in den Mund. „Danke, mein Freund!"

Zum Nachtisch wurde warmer Bratapfel serviert. Danach waren alle pappsatt und kippten einen Schnaps hinterher, der den Magen „aufräumen" sollte.
„Leute, Grünkohl im Sommer, das ist so genial, das machen wir jetzt jedes Jahr", verkündete Jörg im Laufe des feucht-fröhlichen Abends. Dieser Vorschlag wurde mit jubelnder Begeisterung aufgenommen.
Und tatsächlich wird bis heute jedes Jahr im Sommer zum Grünkohlessen geladen. Die Location hat sich geändert, doch alles andere ist geblieben. Inzwischen findet das Event im „Kam-in" in Flensburg statt. Weit weg von jeder Strandpromenade, doch das tut dem Spaß keinen Abbruch.
Die clevere Wirtin Christiane Mordhorst kündigt in ihrem Lokal das Datum rechtzeitig an und kann sich anschließend vor Reservierungen kaum retten. Denn nicht nur Jörg und seine Stammtischfreunde essen im Sommer gern Grünkohl, wie sich herausgestellt hat. Das Restaurant ist an diesem besonderen Tag voll bis unters Dach. Nach wie vor wird Weihnachtsmusik gespielt und die Tische werden festlich dekoriert, damit die richtige Stimmung aufkommt.
Aus einer spontanen Eingebung wurde eine witzige und beliebte Tradition, die nun seit über zwanzig Jahren anhält. Jörg Christiansen und seine Stammtischfreunde denken besonders gern an die erste Veranstaltung dieser Art zurück, als alles noch neu und ungewohnt war. Über die verdutzten Blicke von der Strandpromenade her müssen sie noch heute lachen.

Nachwort und Danksagung

Jeder Glücksmoment hat irgendwann ein Ende und so ist nun auch dieses Buch auf seinen letzten Seiten angekommen. Es hat mir großen Spaß gemacht, mich mit dem Thema „Glück" und so vielen schönen Begebenheiten intensiv zu beschäftigen.

Natürlich hatte ich Hilfe bei der Erstellung der einzelnen Geschichten, darum möchte ich mich an dieser Stelle bei all jenen bedanken, ohne die dieses Buch nicht zustande gekommen wäre.

Vielen Dank, lieber Alexander Rohr, der meinem Aufruf auf Facebook gefolgt ist und mir wunderbar ausführlich die Geschichte erzählt hat, die er in seiner alten Schule erlebte, und wie sehr ihm das Erlebte zu Herzen ging.

Ein großes Dankeschön geht auch an Stephan Thomsen, der mir alles über seine spannenden Erlebnisse mit „Selfie" und „Delfi" berichtet hat. Ich wünschte, ich wäre dabei gewesen!

Melanie Durrer gebührt ebenfalls mein Dank. Ich freue mich, dass du dich mir so offen anvertraut hast, und hoffe, du wirst auch weiterhin in deiner Wahlheimat glücklich sein.

Lieber Kim Schmidt, herzlichen Dank für die Einblicke in dein Leben und in die Entstehungsgeschichte von Öde. Ich habe mir den Sammelband zugelegt und amüsiere mich köstlich beim Lesen.
Mögen dir die Ideen niemals ausgehen!
Danke auch an Jörg Christiansen für seine spontane Hilfe bei der Grünkohlgeschichte.
Johannes Bluhm, Anna Bredenkamp, Lena Nitzsche, Tom Hennings und ganz besonders Finnja Beil möchte ich ebenfalls danken. Nicht nur für eure Auskunftsfreude und Hilfe, sondern vor allem für euer tolles Engagement als „Briefmöwen". Ich wünsche eurer Aktion weiterhin ganz viel Erfolg!

Zu guter Letzt danke ich meiner Familie für ihre Unterstützung und Geduld sowie meiner Lektorin Frau Dr. Zöttlein für die angenehme und unkomplizierte Zusammenarbeit. Es hat wieder einmal viel Spaß gemacht!

Britta Bendixen

Weitere Bücher über Ihre Stadt und Region

Dunkle Geschichten aus Flensburg
SCHÖN & SCHAURIG
Britta Bendixen
80 Seiten, Hardcover, zahlr. S/w-Fotos
ISBN 978-3-8313-3269-4

Geschichten und Anekdoten aus Flensburg
Um drei bei Eduscho!
Britta Bendixen
80 Seiten, Hardcover, zahlr. S/w–Fotos
ISBN 978-3-8313-2148-3

Aufgewachsen in Flensburg
in den 60er und 70er Jahren
Brigitte Cleve
64 Seiten, Hardcover,
zahlr. Farb- und S/w- Fotos
ISBN 978-3-8313-2394-4

Aufgewachsen in Flensburg
in den 40er und 50er Jahren
Brigitte Cleve
64 Seiten, Hardcover,
zahlr. Farb- und S/w- Fotos
ISBN 978-3-8313-2014-1